BIBLIOTECA

PILAR SORDO

¡VIVA LA DIFERENCIA!

(...y el complemento también)

PILAR SORDO

¡VIVA LA DIFERENCIA!

(...y el complemento también)

OCEANO

Diseño de portada: Estudio Sagahón / Leonel Sagahón
Fotografía de la autora: © Marisa Bonzon

¡VIVA LA DIFERENCIA!
(...y el complemento también)

© 2005, 2015, Pilar Sordo
c/o Schavelzon Graham Agencia Literaria
www.schavelzongraham.com

D. R. © 2015, Editorial Océano de México, S.A. de C.V.
Blvd. Manuel Ávila Camacho 76, piso 10
Col. Lomas de Chapultepec
Miguel Hidalgo, C.P. 11000, México, D.F.
Tel. (55) 9178 5100 • info@oceano.com.mx

Primera edición en Océano: octubre, 2015

ISBN: 978-607-735-773-5

Impreso en México / Printed in Mexico

Índice

Introducción

Este libro tiene su primera inspiración hace ya unos cuantos años, en los repetidos momentos en que me tocó oír y observar tanto el discurso verbal como el no verbal de muchas mujeres a las que atendía en mi consultorio. Del discurso masculino no tenía tanta evidencia, en parte, creo, porque los cambios culturales que ha experimentado el género femenino han conducido a que mis congéneres recurran más espontánea y libremente a la ayuda psicológica.

Cabía en ese entonces hacer hincapié en que una de las mayores diferencias entre lo que las mujeres decían en mi consultorio, con respecto a lo que los hombres expresaban sobre temas similares es que cuando se trata de hablar de nosotras siempre hablamos de otros. Esos otros parecen ser los causantes de nuestra felicidad o infelicidad, porque en nuestro discurso no aparece una responsabilidad propia acerca de nuestro quehacer y de la construcción de nuestra cotidianidad. En cambio, los hombres parecen mayoritariamente preocupados del logro, de las metas y de los obstáculos que encuentran en su camino.

Esta primera y gran diferencia surge al deducir una segunda y muy extendida característica femenina, como es el que las mujeres nos quejamos mucho más que los hombres;

siempre hay un "pero", un "¿por qué a mí?, algún tipo de exclamación que hace notar o sentir que hay algo que no fue todo lo ideal que hubiéramos querido que fuera.

Estas dos preocupaciones —el que otros u otras sean los causantes de la felicidad o la infelicidad femenina y la queja o el que nada resulte como se pensó en un primer momento— me llevaron al mundo de lo masculino y lo femenino en Chile. Realicé una investigación de tres años, que constó de una muestra de alrededor de tres mil a cuatro mil personas de distintas edades, entre los cinco y los noventa años, de ambos sexos y de distintos niveles socioeconómicos; al final, la muestra fue ampliada para considerar a personas de distintas regiones. Advierto a los lectores que todo a lo que aquí me refiero surgió de lo observado empíricamente a través de mi experiencia clínica e intenté que esta investigación fuera lo más exhaustiva posible. Sólo tomé como referencias de aproximación al tema la teoría de Jung (ánimus-ánima), el enfoque de John Gray y el yin y el yang —opuestos y complementarios de la filosofía oriental—, pero no haré ninguna mención explícita a ellas.

La investigación me permitió identificar como una tendencia importante el hecho de que hoy día se transmite a las generaciones jóvenes que las mujeres sufren más, que las mujeres son más humilladas, que las mujeres son más maltratadas. Esto, en muchas situaciones y en determinadas realidades sociales, es verdad; sin embargo, ello no justifica que en la actualidad inculquemos a nuestros hijos y a futuras generaciones la idea de que para sobrevivir o vivir más felices debemos ser lo menos mujeres posibles. Esto provoca muchos daños en nuestros adolescentes, a los que me referiré más adelante. Quisiera recalcar además que este trabajo me permitió comprobar de una u otra forma que este tópico constituye una especie de modelo que lleva ya mucho tiempo presente en nuestro inconsciente colectivo, con los consecuentes daños.

Por una parte, circula el paradigma a través del cual se plantea que hombres y mujeres somos iguales. Cuando yo supongo que algo es igual a mí tengo la predisposición a pensar que esa persona actúa igual que yo, piensa igual que yo y siente igual que yo. Y cuando de alguna manera pretendo que eso sea así, se generan todas las incomprensiones que conocemos y experimentamos a diario, pues, en realidad, nadie actuará igual a mí, menos aún una persona del otro sexo. No es cierto que hombres y mujeres seamos iguales; la verdad es que somos absolutamente distintos. Por medio de mi trabajo pretendo demostrarlo y ayudar a que seamos capaces de valorar nuestras diferencias para generar complemento, y no motivar la "implacable" igualdad que lo único que produce es competencia.

Ahora bien, aclaro que igualdad no es lo mismo que equidad. Tenemos derechos que nos igualan y, por lo mismo, deberíamos acceder a las mismas oportunidades; pero esto, reitero, no quiere decir que seamos iguales ni psicológica ni socialmente hablando. Cada uno aporta a la sociedad y al mundo afectivo que lo rodea cosas distintas que son igualmente importantes y necesarias para la construcción de una familia, una identidad y una sociedad armónica.

Es importante recalcar desde este momento que cuando me refiera a hombres y mujeres lo que estoy haciendo en estricto rigor es referirme a lo masculino y a lo

femenino que todos tenemos. Yo, por ser mujer, debería tener más facilidad para adquirir los aprendizajes femeninos, pero la vida que he tenido no necesariamente me ha
permitido encauzar esos aprendizajes, y esto es lo que tal
vez le ha pasado a muchas personas y les seguirá pasando
si es que no nos detenemos, identificamos y reflexionamos
sobre este asunto. Lo importante en este punto será, entonces, descubrir los aspectos masculinos y femeninos que
hemos desarrollado y cómo podemos equilibrar y comple-
mentar ambos matices desde nuestro interior para poder
hacer más fluida e íntegra nuestra estabilidad psicológica y, por ende, lograr la armonía necesaria para poder de-
sarrollarnos con plenitud, tanto respecto de uno mismo
como con los seres que más queremos.

Comencé esta introducción refiriéndome a que las mujeres acusan sufrir más de lo que los hombres manifiestan.
Este mensaje ha traspasado los distintos niveles culturales
en forma muy potente, pues esa concepción se ha instalado
en nuestro discurso verbal, en la manera como las propias
mujeres nos referimos a nuestro género. Así, por ejemplo,
podemos visualizar el siguiente escenario: las mujeres tenemos la menstruación —a la cual nos referimos como "enfermedad"—, cada mes y además una semana antes de
"enfermarnos" solemos estar un tanto "insoportables"; resulta entonces que por lo menos la mitad del mes la pasa-
mos mal y esto equivale, a la larga, a la mitad de nuestra
vida. Nadie querrá, en su sano juicio, parecerse a ese ser humano que tiene garantizado pasarla mal la mitad de su vida.

El mensaje de que ser mujer es un problema lo hemos
ido transmitiendo las mujeres adultas —por medio de

nuestro lenguaje verbal y también de nuestro comportamiento— a las nuevas generaciones, a nuestros hijos, sean varones o mujeres. También, por supuesto, se trata de un concepto incorporado a nuestras relaciones de pareja. Por esto, y por lo que veremos más adelante en este libro, es que surge la imperiosa necesidad de reevaluar la condición de lo femenino, estableciendo en un nivel social el reencantamiento hacia esta mirada, el reencuentro con los elementos femeninos en los procesos productivos, educacionales, familiares e íntimos, para poder revisar nuestra historia desde los logros que se están obteniendo y que, como explicaré en los capítulos que vienen, responden más bien a una visión masculina.

Lo dicho hasta aquí implica hacer realmente más profunda nuestra visión para entender la vida como un proceso de aprendizaje, como algo que se parece más a vivirla paso a paso y no al resultado de lo que logramos al ir alcanzando los objetivos que nos hemos trazado. Con este fin describiré capítulo por capítulo los hallazgos y el camino que ha sido, sin duda, en primera instancia personal, y que me ha llevado a redescubrirme como mujer en mis partes masculinas y femeninas, tanto en mi trabajo como psicóloga como en mi postura frente a la vida cultural y social.

PRIMERA PARTE

Opuestos y complementarios

Capítulo I

El óvulo y el espermatozoide: el comienzo de todas las diferencias

Para dar comienzo a la investigación dividí la muestra con la que iba a trabajar en cuatro grandes grupos: el primero, de niñas y niños de entre cinco y once años; después, de adolescentes entre los doce y los dieciocho. Un tercer grupo de hombres y mujeres entre los veinte y cincuenta años, y un cuarto grupo de mujeres y hombres de los cincuenta en adelante. Todos estos grupos participaron en talleres, cursos y charlas durante tres años.

Lo primero fue trabajar con lo que los psicoanalistas llaman el *inconsciente colectivo*. Se les hizo asociar libremente las palabras folículo, óvulo, útero y espermatozoide, dado que en algunos casos se desconocía lo que significaban las palabras más técnicas, sobre todo en el caso de "folículo". El objetivo fue permitir que expresaran todo lo que se les ocurriera ante cada opción.

En el curso de estas asociaciones aparecieron un sinfín de términos que representarían lo que podría llegar a configurar un "arquetipo", en tanto que éste se erige como representante de todo lo que definimos desde lo biológico, lo femenino y lo masculino; es parte de nuestro inconsciente colectivo y de lo que hemos ido entendiendo en relación con lo que implica ser femenino o masculino.

En total participaron en esta investigación unas cuatro mil personas de los rangos mencionados. De esta muestra fue posible extraer similitudes sorprendentes, a pesar de los diferentes niveles socioeconómicos y culturales. Vale decir, en su mayoría estos hombres y mujeres (niños y niñas) se aproximaron en forma similar a los términos señalados. A continuación compartiré con ustedes las asociaciones más frecuentes dadas por estos hombres y mujeres, niños y niñas.

(Comenzaré por el *óvulo o folículo*, haciendo gala del privilegio de mi parte femenina.)

Asociaciones frente a la palabra *óvulo* o *folículo*:

Solo, espera, acoge, vida, emoción, menstruación, dolor, paciente, no competitivo, sexo, amor, lento, receptivo, maternidad, mujer, fertilidad, finitos, buena resistencia de vida, huevo, retención, retiene, cuida.

Asociaciones frente a la palabra *espermatozoide*:

Rápido, muchos, competencia, meta, logros, conquista, velocidad, desafío, sexo, poca vida, egoísta, sólo les importa llegar a su objetivo, vida, amor, entrega, necesarios, complemento, técnica, suelten, se sueltan, producción.

Al hacer el análisis de todos los términos que la gente expresó en sus asociaciones, podemos extraer las primeras conclusiones sobre cómo lo biológico es extrapolable a lo psicológico, y dar cuenta de las primeras diferencias entre lo masculino y lo femenino o, en términos más generales, entre hombres y mujeres.

Respecto a las palabras que les acabo de señalar, es importante destacar las que tuvieron mayor incidencia, lo que a su vez me llevó a hacer una nueva división entre las palabras asociadas a *óvulo* y a *espermatozoide* para obtener las conclusiones que más adelante compartiré con ustedes.

En relación con el *óvulo*, las palabras más escogidas tenían que ver con el concepto de retener, acoger, espera, menstruación, dolor, vida, amor, solo y lento. Y en relación con *espermatozoide,* las más mencionadas por todos, sin distinción de edad, fueron rapidez, soltar o se sueltan, competencia, muchos, meta, avanzan, sexo, eficientes, obstáculos y carrera.

Es importante apreciar cómo ya en esta primera asociación se piensa o se relaciona libremente el concepto de sexo con lo masculino y el concepto de amor con lo femenino. También aparece la palabra *dolor* asociada con lo femenino. Me permito adelantar, a modo de comentario, que la repercusión más importante de esta asociación se refleja en que culturalmente lo femenino está vinculado al sufrimiento, lo que disminuye las probabilidades de que se valoren los aportes femeninos a la sociedad.

Capítulo II

Retener y soltar, funciones naturales en el ser humano

En el capítulo anterior les mostré las palabras que se asociaban de manera espontánea, libre y frecuente a *óvulo* y *espermatozoide*, respectivamente. Entre ellas aparecieron dos que fueron repetidas en casi la totalidad de los casos y siempre estaban vinculadas al mismo concepto. Se trata de las palabras *retener*, en el caso de lo femenino, y *soltar*, en el caso de lo masculino.

Al parecer en lo masculino es natural la liberación y la capacidad de desprenderse y soltar los procesos; de hecho, un hombre no puede generar vida si sus espermatozoides no salen de él, por lo tanto, necesariamente debe soltarlos. Por otra parte, una mujer no puede generar vida si no tiene la capacidad de retener a un bebé dentro de sí.

Sin embargo, estas dos funciones, al parecer tan estrictamente biológicas, pueden traslaparse y extrapolarse hacia ámbitos que van aún más allá de la biología misma. Si seguimos con el concepto de *retener* —más afín a la mujer—, podemos observar que ella estaría diseñada para retener líquido en mayor proporción que los hombres. Aquí se nos viene a la cabeza en forma inmediata la temida celulitis,

ejemplo perfecto de un aspecto tan molesto para la ana-
tomía femenina y que tendría que ver con la retención de
líquido y grasa en forma inadecuada. El estreñimiento femenino se da en ochenta por ciento más que en los hombres y esto, si bien tiene que ver con hábitos de aprendizaje
femenino que ya les explicaré, también corresponde a una
función de retención. Con el *retener* tienen también mucha
relación conductas propias de nuestra vida cotidiana tales
como: guardar alimentos en el refrigerador pensando que
los podremos volver a utilizar; no botar los papeles de la
bolsa o traerla siempre llena de cosas "por si acaso"; guardar cosas en las ropas o dentro de nuestros clósets también
"por si acaso" las necesitamos en algún momento; poner
ropa en la maleta cuando vamos de viaje tanto por si llueve
como por si hay sol.

Otros ejemplos de esta capacidad retentiva propia de
lo femenino tienen que ver con el hecho de insistir, de preguntar, de necesitar verificar los sentimientos de los otros:
"¿me quieres?", "¿me extrañaste?", "¿cómo le fue?", "¡cuén-
tenme!", "¿qué les pasa?".

También uno retiene cuando colecciona los dibujos de
los niños, cuando guarda cosas que ya no sirven, pero que
tienen un valor emocional y somos incapaces de despren-
dernos de ellas. Lo mismo se aprecia en nuestra capacidad
para enfrentar conflictos: las mujeres solemos ser más lentas
que los hombres para procesar nuestros conflictos, nos cuesta más olvidarnos de ellos y pasar de una etapa a otra; generalmente tendemos a quedarnos como pegadas o adheridas
a nuestros conflictos y angustias. Esto hace muy difícil la
comprensión desde lo masculino, ya que para los hombres

conflicto solucionado es conflicto olvidado y ya no forma parte de su repertorio conductual. Por el hecho de retener dentro de sí muchos elementos, las mujeres tienen o aparentan tener mejor memoria para sus procesos afectivos que los hombres.

Esta capacidad de retención, expresada en los aspectos que acabo de mencionar y en muchos otros que seguramente ahora olvido (pero que ustedes podrán identificar en la medida en que revisen su cotidianeidad), se contrapone con la capacidad para soltar con que cuentan los hombres naturalmente y expresan a lo largo de su vida. Siempre están centrados en un objetivo y pueden pasar de uno a otro con mucha rapidez; de alguna manera les es más fácil olvidar los conflictos y seguir avanzando sin pensar en todas las etapas de ese conflicto o proceso, lo cual los hace avanzar espontáneamente más rápido. Siempre están, de una u otra manera, pensando que no obtienen nada con preocuparse por las cosas si no las pueden solucionar en el momento. El pasar de una etapa a otra también es una característica propia del soltar.

No es casual que los hombres sean más rápidos en restablecer relaciones afectivas; esto se debe a que para ellos es más fácil cerrar y dar vuelta a la página, así pueden seguir avanzando. Frases de los hombres tales como "cambia la cara", "sube de ánimo", "ya, pues, si ya te pedí perdón", "¿por qué sigues enojada?", son expresiones que muestran esta facilidad que lo masculino tendría para poder avanzar en los conflictos y soltar los problemas para preocuparse de nuevos objetivos.

En síntesis, las acciones que implican retener significan, a su vez, no dejar de hacer algo independientemente del agobio que ello me cause. Es muy característico de las mujeres que nos quejamos de las cosas que hacemos y, sin embargo, por alguna extraña razón, no las dejamos de hacer. Eso en el lenguaje masculino es incomprensible. Ellos no entienden por qué hacemos cosas que nos desagradan tanto y que encima nos tienen quejándonos todo el tiempo mientras las realizamos. El llamar, preguntar, reclamar, quejarse, obstinarse y llorar también son elementos retentivos. Cuando lloro, de algún modo le pido al otro que se acerque a mí, lo retengo conmigo, lo atraigo hacia mí; a diferencia del aspecto masculino, que tiene que ver más con la rabia y con el enojo: al enrabiarme o enojarme lo que hago es alejar al otro de mí, suelto al otro y lo separo de mí de esta manera porque me es más cómodo estar lejos de él.

Buscar, intentar, guardar, insistir, coleccionar y no avanzar en los conflictos serían aspectos que tienen que ver con el retener. Soltar, como mencioné anteriormente, estaría relacionado con dar vuelta a la página rápidamente, con dejar de complicarse por lo que no se puede solucionar en el momento, con cerrar etapas de vida y comenzar otras en corto tiempo, con sólo pensar en los objetivos.

Otra diferencia que es necesario e importante entender es que la mujer está diseñada para generar vida dentro de sí en términos de todos los espacios psicológicos que tienen que ver con lo interno: la casa, las situaciones del hogar, el cuidado de los afectos; en cambio, el hombre tiene la capacidad de generar vida fuera de él, producto quizá de esta misma capacidad para soltar lo que está viviendo.

Hasta aquí nos hemos centrado solamente en lo que por naturaleza parece que estamos llamados a hacer, es decir, las mujeres a retenerlo todo, a cuidar lo que tienen, a mantener sus situaciones o sus nidos cobijados; los hombres a soltar y liberarse de los conflictos con el fin de poder seguir avanzando para alcanzar sus objetivos. Sin embargo, esto no es tan simple, ya que contar con estas dos funciones —retener y soltar— implica a su vez tareas propias de cada género, las que constituyen el gran aprendizaje que hombres y mujeres tienen que realizar a lo largo de sus vidas.

Para las mujeres este gran aprendizaje evidentemente es soltar y para los hombres es, a lo largo de su vida, retener y cuidar lo que tienen.

En el caso de las mujeres, tienen que aprender a dejar de hacer lo que les hace daño o de hacer aquello que aparentemente no les gusta, sin quejarse tanto o sin mantener la queja como una constante; sólo así podrán soltar, alejarse y dejar aquello que les hace mal. Tienen que aprender a soltar sus afectos para que cada uno de los miembros de la familia se haga responsable de lo que le corresponde a cada uno y no hacerse cargo ellas de todo lo que pasa dentro de la casa, con los reclamos pertinentes.

También es importante que la mujer suelte, en lo sexual, su orgasmo y su goce sexual para poder disfrutar de este aspecto de su vida en forma íntima. En la medida en que una mujer retenga su capacidad sexual o sus sensaciones sexuales, más difícil le será poder disfrutarlas. Tiene que ser capaz de soltar sus hábitos alimenticios, su constipación y sus emociones para liberar tensiones.

Para el hombre, en cambio, es importante avanzar en la función de retener con el fin de aprender a cuidar lo que tiene cotidianamente, para ser capaz de entender que las cosas se construyen poco a poco y no solamente sobre la base de objetivos logrados; para que sea también capaz de cuidar su casa, sus cosas, de preocuparse por lo que involucran los ambientes afectivos y así atender mejor sus afectos. Mientras más haya desarrollado un hombre su lado femenino, más fácil le será poder retener y cuidar sus afectos y, por lo tanto, hacer feliz a su mujer, a sus hijos y a quienes lo rodean. Mientras más masculino sea este hombre, más desinteresado estará de los procesos afectivos y su concentración estará enmarcada exclusivamente en el logro de los objetivos que se ha propuesto.

Al preguntarme por qué para las mujeres era tan difícil soltar y por qué para los hombres era tan complicado retener, llegué a la conclusión, con apoyo de todos los trabajos realizados, de que existen dos principios —femenino y masculino— que gobiernan nuestra existencia y que, de alguna manera, determinan, en el proceso de soltar, por un lado, la dificultad de las mujeres y, por el otro, la facilidad de los hombres.

Digamos, pues, que lo femenino estaría determinado porque en la base de su accionar predomina el sentirse necesitado. Esto hace que para nosotras sea más complicado soltar, ya que si primero requerimos sentirnos necesarias, será imposible dejar de hacer ciertas cosas porque nuestra identidad y autoestima están principalmente —y por desgracia— determinadas más por lo que hacemos y no por lo que somos. En consecuencia, sólo en la medida en que hagamos, y porque hacemos, ciertas cosas nos sentiremos más queridas y útiles.

Son ejemplos de lo descrito la sensación que experimentan muchas mujeres después de tener un bebé, especialmente cuando tienen que dejar de dar pecho. Surge entonces el gran conflicto de acabar la lactancia, lo que implica tener que asumir que ya no son cien por ciento necesarias para ese bebé y que cualquier otra persona podría alimentarlos y darles vida. Similar es la situación del llamado síndrome del nido vacío; en este caso se trata de mujeres que ya no son útiles en términos de trabajo constante y tienen que reencontrarse con una identidad basada ahora en lo que son y no solamente en lo que han sido y hecho durante todos los años precedentes. Es como si se jubilaran.

Esta "necesidad de sentirse necesitada" tiene ribetes que incluso dentro de la investigación parecieron un poco humorísticos, como, por ejemplo, el que setenta por ciento de las mujeres adultas encuestadas no cerraba totalmente la puerta del baño, esto debido a la costumbre de pensar que podrían ser requeridas para algo. Ni siquiera en ese espacio ellas pueden permitirse estar desconectadas o desbloqueadas del resto, del contexto afectivo que las rodea.

En cambio, lo masculino estaría gobernado mayoritaria y principalmente por la necesidad de admiración. Esto dificulta el retener, ya que para poder ser admirado por la persona o el público al que se está seduciendo o encantando, los hombres deben cambiar permanentemente de objetivos; sólo así la observación estará constantemente centrada en esa admiración. A los hombres les afecta mucho más que a las mujeres la jubilación y la impotencia, pues la identidad masculina está determinada sobre todo por el aspecto económico y por el aspecto sexual. Entre los escritores, cantantes y otro tipo de artistas es más común encontrarse con que son los hombres los que crean obras anuales o por lo menos cada dos años y en forma regular, a diferencia de las mujeres, que pueden demorar mucho más en su producción discográfica o literaria.

A continuación, en el próximo capítulo, me referiré a las diferencias entre lo femenino y lo masculino que detecté a lo largo de mi investigación, pero antes les explicaré y pediré un favor: quiero que cuando lean sobre las características femeninas y masculinas se busquen en ambos lados, es decir, que sean capaces de aventurarse a descubrir dentro de ustedes qué aspectos femeninos y masculinos tienen más desarrollados, y cuáles, por lo tanto, son las tareas que tienen que empezar a trabajar en ustedes mismos. Todos poseemos propiedades femeninas y masculinas; todos, hombres y mujeres, tenemos desarrolladas unas características más que otras. Identifíquenlas y traten a su vez de descubrir en sus propias historias lo que los hizo adoptar esas características y, por ende, cuál es la tarea que tienen por delante.

Si como mujeres han tenido la oportunidad de desarrollar más y mejor sus aspectos femeninos, sin duda alguna, y gracias a que la vida es un círculo perfecto, van a tener que encontrarse con sus partes masculinas, pues en ellas residen principalmente la toma de decisiones y el poder ejecutarlas de una u otra manera.

Ahora, si ustedes mujeres, por las dificultades que han tenido en la vida han debido desarrollar más los aspectos masculinos de la personalidad y ser desde pequeñas muy masculinas, por supuesto que tendrán dificultades para desarrollar lo femenino, pero les aseguro que en algún momento de la historia deberán encontrarse con esa parte femenina que tuvieron que postergar debido a las condiciones de vida.

Lo mismo para los hombres. Si ellos han desarrollado extremadamente sus aspectos masculinos, en algún momento de su historia van a tener que encontrarse con lo emocional, con los procesos de la vida y con lo afectivo en forma natural. Por otra parte, si han sido muy femeninos, en algún momento deberán desarrollar fortaleza y características masculinas con el fin de completar su desarrollo hacia una integración que los haga mucho más felices y más completos.

Los invito ahora, hombres y mujeres, con todo cariño, a leer este tercer capítulo para que puedan descubrir paso a paso cuáles son las diferencias de esta maravillosa naturaleza humana que nos hace tan distintos y tan complementarios, y en función de la cual podamos lograr cada día mayor sabiduría y felicidad.

Capítulo III

Femenino y masculino: diferencias psicológicas encontradas

Estamos ante una realidad que traspasa fronteras, pero, para efectos de una mayor comprensión, me remitiré a lo estrictamente adulto, pues los adolescentes y niños se mueven en realidades psicológicas absolutamente diferentes, casi opuestas a nuestra realidad de adultos.

1. La primera gran diferencia tiene que ver con el motor que nos lleva a actuar

El motor que mueve a las mujeres y a lo femenino está principalmente en su vida afectiva. Su trabajo consiste sobre todo en tratar de mantener sus relaciones afectivas en buen estado, esto quiere decir que una mujer está bien en la medida en que la gente que ella quiere está bien con ella. En cambio, lo masculino se encuentra bien en la medida en que logra los objetivos y las metas que se propone. Esto plantea que lo masculino estaría determinado mayoritariamente por el logro de las metas u objetivos que se ha ido proponiendo a lo largo de la vida.

2. Lo femenino valora más el proceso; lo masculino, los objetivos

La diferencia entre los motores genera una segunda divergencia que no es menos importante y que define gran parte de las problemáticas que tenemos hombres y mujeres en nuestras discusiones cotidianas. Se trata de que las mujeres valoran mucho más los procesos que los objetivos, y los hombres, en cambio, valoran más los objetivos y no toman tanto en cuenta o no consideran tan relevantes los procesos emocionales.

Veamos algunos ejemplos en nuestra vida cotidiana que dan cuenta de estas valoraciones diversas: si vamos al supermercado con un hombre, la mayor parte de las veces él tenderá a buscar sólo los productos que le hacen falta; la mujer, por su parte, va a recorrer todos los pasillos. Otro ejemplo de esto mismo es que si yo le pido a un hombre que me acompañe a un centro comercial, él irá sin considerar el clásico "vitrineo" que las mujeres tendemos a hacer en forma tan grata y que ellos, los hombres, sentirán como una verdadera estafa si no les advertimos que pasaríamos por esos distintos locales. ¡Pero cómo íbamos a hacer una advertencia sobre algo que para nosotras resulta obvio, natural, propio del hecho de ir al centro comercial...! Todo lo que tiene que ver con la capacidad de que las cosas se vayan dando poco a poco, con disfrutar los momentos que se están viviendo, con el hecho de no tener la obligación de llegar a los lugares lo antes posible sin ni siquiera ir al baño —que sería lo propio del criterio masculino—, es inherente al criterio femenino, que busca disfrutar de los distintos lugares y los diferentes pueblos por los cuales se va pasando, sin tener la urgencia de llegar lo antes posible a un destino determinado.

Debido a esta mayor capacidad de vivir los procesos sin la urgencia del logro es que una mujer resiente que un hombre sea descortés de lunes a viernes y al final de la semana la agasaje con un regalo. Puede que el regalo lo aproveche igual (porque somos mujeres inteligentes), pero ese regalo no reemplazará nunca la sensación de placer que causa el que ese hombre la haya tratado bien todos los días. De aquí también la importancia de comprender que para pasar una buena noche con una mujer necesariamente se le tiene que dar un buen día, y un buen día comienza en el momento en que se despierta, es cuando este hombre puede comenzar a retener afectivamente a esta mujer para cuidarla a lo largo del día. De hecho, en el curso de esta investigación pudimos constatar que si un hombre es desconsiderado con una mujer tres horas antes de que intente seducirla, ella tiene menos capacidad de respuesta sexual que una mujer que ha sido tratada bien durante todo el día.

Pareciera ser muy relevante para la identidad femenina el cuidado de los tiempos, el entender las cosas poco a poco, el poder cultivar, decorar o cambiar ciertas situaciones de la vida para ir disfrutando de ella en las etapas y en los procesos que se van viviendo; en cambio, para los hombres es mucho más lógico disfrutar sólo cuando estos objetivos están siendo logrados. También por eso para los hombres es mucho más importante estar sometidos a una jubilación o una impotencia, ya que los objetivos que dan el trabajo y la potencia sexual desaparecen y, con ellos, la identidad masculina pierde el norte. Entender esto permite asimilar mejor el hecho de que la fuerza femenina —en países como los nuestros— ha sido capaz de mantener muchos hogares, pues como la mujer valora el proceso, el paso a paso, ella puede sostener a una familia, por ejemplo, vendiendo productos por catálogo o ropa o haciendo pan. Así, sumando las distintas cantidades que obtiene por esos trabajos chiquitos, puede mantener a su familia, mientras que el hombre estará buscando o esperando un puesto o un objetivo laboral que le brinde estabilidad.

Esta capacidad de ir poco a poco, de valorar los pasos, se refleja también en el comportamiento sexual, donde la mujer se caracteriza por apreciar más y mejor el antes y el después que el durante, que es lo que más tiene que ver con la penetración, la cual es, por su parte, mayormente valorada por los hombres ya que representa un objetivo masculino. En este sentido es fundamental entender que la dimensión y valoración de los procesos se han ido incorporando a la visión laboral, desde la cual se entiende cada vez mejor que no basta con fijar la atención en el resultado y en que este resultado constituya espléndidas ventas, sino también en el cómo se logran estas altas ventas para poder mantener, por ejemplo, a los clientes. En una empresa no basta solamente con atender los números al final de un ciclo, sino también la manera como se llegó a esos números. Esto, me atrevería a decir, es una consecuencia de la incorporación del elemento femenino en nuestro proceso económico y social a nivel general.

3. Lo masculino separa, ordena; lo femenino reúne, junta

Una tercera diferencia importante entre lo femenino y lo masculino es la dificultad que tendríamos las mujeres o que tendría lo femenino para poder separar las cosas. Los bolsos son un estupendo ejemplo de cómo a las mujeres nos cuesta tanto mantener todo separado y ordenado. Por lo general, en un bolso de mujer se puede encontrar desde un remedio hasta un útil escolar de uno de sus hijos, y esto porque a nivel de estructura mental pareciera que nos cuesta mucho más poder separar o dividir nuestros procesos afectivos en distintos compartimentos; aspecto que los hombres o lo masculino normalmente tienen muy bien desarrollado: en un bolsillo el celular, en otro bolsillo el pañuelo, en otro bolsillo la billetera. Así pues, tienen todo dividido, lo cual es un buen reflejo de cómo opera su estructura mental. Ellos funcionan mejor separando en casilleros o en "cajones mentales" las distintas áreas emocionales. A su vez, esto les permite poder soltar mucho más fácil y rápidamente, ya que cuando están metidos en un solo casillero actúan en función de un determinado objetivo. Para las mujeres, en cambio, esto es muy difícil de lograr, pero no imposible, y ahí se origina la mayor parte de la culpa femenina de salir a trabajar, pues la mujer se traslada a su trabajo con los hijos dentro de ella y con lo que de algún modo deja en su casa. El hombre, por su parte, tras cerrar la puerta de su casa se conecta inmediatamente con su trabajo, sin trasladar sus afectos a otros lugares. El cerrar unas puertas y abrir otras otorga a los hombres una

mayor capacidad de concentración y de rapidez en los procesos ejecutivos.

La dificultad de las mujeres para separar las cosas y la
facilidad que tienen los hombres para funcionar en compartimentos se refleja también en el aspecto comunica-
cional al interior de las relaciones de pareja. Cuando un
hombre critica a una mujer diciéndole, por ejemplo, que
ha sido muy permisiva con sus hijos, solamente le está hablando y se está refiriendo a la mamá o a la madre de sus
hijos, no a su mujer, por lo que para este hombre es absolutamente posible tener o llegar a tener relaciones sexuales con esa mujer a los pocos minutos de haber generado la
discusión sobre el rol de mamá. Pero, como contrapartida,
tenemos que para las mujeres es muy difícil digerir, en primer lugar, la crítica y, en segundo, comprender que alguien
que nos dijo que éramos ineficientes o que estábamos haciendo las cosas mal quiera por otro lado seducirnos y estar
física, sexual o amorosamente con nosotras. Para entender
esta situación hay que visualizar que el hombre se ha relacionado sólo con la mamá, no con la mujer. De paso, sirva
también este ejemplo para explicar por qué para los hombres es tan importante la dimensión de sexualidad en la
relación de pareja, pues para ellos es el único y gran momento en el cual sienten que están teniendo a una mujer.
En otras circunstancias ellos están con: el ama de casa, la
que comparte los gastos, la madre de sus hijos o la compañera social; a su mujer solamente la experimentan y la
pueden percibir y sentir cuando están teniendo relaciones
sexuales con ella. Es de gran importancia que las mujeres
lo comprendamos y seamos capaces de asumirlo, porque

generalmente nuestra lectura frente a esta premura sexual masculina es que ellos sólo nos quieren para eso, y no es así: los hombres necesitan del contacto con lo femenino en distintos ámbitos, pero la dimensión de sentir a su pareja pasa necesariamente por el contacto de la sexualidad.

Sí, lo anterior es tan verdadero que no es un error decir que lo único que diferencia a una pareja de amigos de una pareja real es la vida o la dimensión de la sexualidad y del erotismo; todo lo demás se puede hacer con un amigo: puedo vivir con un amigo, cuidar niños con un amigo, mantener una situación económica con un amigo, viajar con él, pero no puedo tener erotismo ni vida sexual porque ahí pasa de inmediato a evaluarse este ámbito como una dimensión de pareja. Por lo tanto, la mujer debe revalorizar la parte sexual y comprender que es un aspecto afectivo de lo masculino el necesitar de la sexualidad, y esto no solamente por lo físico de la descarga, sino también en relación —y en forma importante— con el reencuentro con la mujer que él ama y a la cual necesita expresarle afecto para poder relacionarse mejor con ella. Por todos estos ingredientes es que el hombre suele sentirse de mejor ánimo, con mejor disposición y más flexible después de haber tenido un buen acto sexual, lo que claramente no sucede cuando ese acto sexual es postergado o si la parte femenina lo enfrenta a una fuerte tendencia a distanciarlo.

Una consecuencia de funcionar en compartimentos es que los hombres no mencionen, por ejemplo, que han extrañado a sus mujeres mientras están trabajando. Para ellos, durante el horario laboral, una como mujer no existe, no está presente dentro del espacio psicológico. Mientras

más femenino sea ese hombre y logre desarrollar esos elementos, más fácil le va a ser incorporar elementos familiares y afectivos o de pareja dentro de su rutina laboral;
pero cuanto más masculino sea este hombre, más difícil
será que incorpore o recuerde ciertas situaciones de índole
emocional.

A una gran mayoría de nosotras nos ha tocado vivir el
enojo de un hombre al que, camino a casa, se le pide algo
que le significa cambiar la ruta que llevaba; o el sentir que
al llamarlo a la oficina se muestra muy distante, frío y poco
cariñoso con nosotras. Esto se debe a que él está funcionando en otro compartimento, en otra estructura mental
y, por lo tanto, no tiene la capacidad de conectarse porque
su estructura es así, no porque sea malo, sino simplemente
porque su concentración está funcionando en ese plano
de rendimiento que tiene que ver con lo laboral: ése y no
otro es el casillero que está utilizando.

4. Lo masculino, monofocal; lo femenino, multifocal

La cuarta diferencia entre lo femenino y lo masculino tiene
que ver con una capacidad estructural o neurológica distinta entre hombres y mujeres. Se ha descubierto que los
hombres tienen la capacidad de concentrarse con mayor
facilidad en una sola cosa; en cambio, las mujeres tenemos
lo que se entiende como una capacidad multifocal neurológica. Esto no debe dar a entender que por el hecho de ser
mujer se tenga un plus o una ventaja y, por ende, la mono-
focalidad masculina sea un *handicap* para los hombres. La

verdad es que, si bien la multifocalidad puede ser un aspecto muy positivo dentro de lo femenino, ya que otorga el poder de concentrarse en distintas cosas a la vez —no es poco frecuente encontrar a mujeres viendo televisión, planchando, hablando por teléfono y al mismo tiempo revisando las tareas de sus niños—, es asimismo causa de gran cansancio y agotamiento. Esto también dificulta el que la mujer pueda soltar, pues al estar concentrada en varias cosas le es mucho más difícil discriminar y discernir qué debe dejar de hacer en ese momento y con qué es mejor continuar, dado que no está por completo atenta a todas esas actividades. A los hombres en general no les gusta hablar y ver tele al mismo tiempo, pues esto les significaría desconcentrarse de una de las dos cosas para ser cien por ciento eficientes: o ven televisión o hablan, si no es así se sentirán y mostrarán molestos o enojados.

Mientras más haya desarrollado un hombre su lado femenino, mejor y más capaz será de poder atender dos o más cosas a la vez, pero su tendencia será siempre a concentrarse en un solo punto y no en varios al mismo tiempo. Esto explicaría, en parte, el que un hombre que vive en condiciones habitacionales más precarias pueda tener relaciones sexuales con su mujer mientras sus hijos están próximos; en ese momento él estará principalmente concentrado en el aspecto sexual o en el hecho de estar con esa mujer. Para la mujer esto es mucho más difícil, ya que le es imposible desconectarse de los ruidos o de otros estímulos para conseguir el desbloqueo que le permita proceder satisfactoriamente en el plano sexual. En fin, es muy extensa la lista de ejemplos que muestran lo difícil que es para las mujeres focalizarse en un solo aspecto y lo fácil que es para los hombres realizar esto mismo.

5. Lo femenino resuelve los conflictos hablando; lo masculino, en silencio

La quinta diferencia relacionada con lo femenino y lo masculino es que la mujer necesita hablar para resolver sus conflictos. Comprender esto tiene gran relevancia, ya que en este punto se origina la necesidad de las mujeres de conversar. Y esto, que muchas veces es interpretado por el mundo masculino como propio de la ociosidad, al evaluarlo desde un punto de vista afectivo vemos cuánto incide y cuán relevante es respecto de la resolución de los conflictos. La mujer necesita transmitir los procesos por los que está pasando, pues al mismo tiempo va ordenando su cabeza y obteniendo posibles soluciones. El hombre, en cambio, sólo habla cuando tiene los conflictos resueltos; es decir, va a llegar a contar sus situaciones en la medida en que cuenta los éxitos o los fracasos, pero ya con carácter de definitivo. En cuanto mejor desarrollado tenga un hombre este aspecto femenino, más capaz será de transferir y de transmitir los pasos intermedios de los conflictos o de los procesos afectivos que está viviendo; de no ser así, solamente contará los resultados.

Es frecuente que al preguntarle a un hombre qué le pasa (pues uno ve que está con cara larga) se obtenga por respuesta un "nada". Y seguirán respondiendo "nada", porque no transmitirán lo que les ocurre hasta que no hayan solucionado el conflicto. Saber esto es muy importante para la comunicación entre parejas, ya que muchos de los problemas se generan porque las mujeres sentimos que los hombres, al no hablarnos de sus conflictos, no nos están haciendo sentir necesarias; pareciera —desde una perspectiva femenina— que ellos pueden funcionar solos y, por lo tanto, se daña el principio psicológico fundamental de "sentirnos necesitadas". Pero ante esta realidad es más recomendable que las mujeres —o lo femenino— aprendan a soltar y dejar a los hombres —o lo masculino— solos para que resuelvan sus conflictos y los transmitan cuando sientan que quieren contar o compartir lo que les pasa, y no bajo la presión y la exigencia de una pregunta femenina, ya que, al final, efectivamente les terminará pasando algo, esto es, se van a enojar con nosotras, por insistir tanto en el "¿qué te pasa?". Una consecuencia más de esto es que típicamente la mujer interpreta ese enojo como una comprobación de que algo les pasa. Esto se parece mucho a la búsqueda de una especie de profecía autocumplida, generada, claro, por nosotras mismas.

Frente al tema de "sentirse necesaria" —a propósito de los principios básicos femeninos y masculinos— es importante hacer hincapié en que lo femenino, en este punto, se maneja bastante a menudo en un doble estándar, esto quiere decir que tenemos dos mensajes o dos deseos que se nos contraponen y que de repente tienen un peso psicológico más o menos igual. Veamos algunos ejemplos: cuando una mamá lleva por primera vez a su hijo al kínder, su mensaje explícito es que ojalá ese niño no llore cuando entre, pero si efectivamente ese niño no llora cuando entra e

ingresa feliz a su salón, quien va a llorar es la mamá, porque va a lamentar que a ese niño le haya sido tan fácil desprenderse psicológicamente de ella. Sentirá que ya no es
necesaria para él. Cuando una mamá o una mujer deja su
casa por un rato para ir por algo que es sólo en beneficio de
ella, suele ocurrir que circule ella misma por un conflicto
doble: por un lado, le gustaría que al regresar a su casa esté
todo perfectamente bien y funcionando, y de este modo
sentir que esa familia la quiere y le permite esos espacios
de relajación; pero, por el otro lado, es más frecuente aún
que esa mujer encuentre a su regreso que no todo está funcionando tan bien o de la manera que ella estima la mejor,
situación que a ella le servirá para comprobar que efectivamente es necesaria.

Las mujeres utilizamos continuamente las siguientes
dos frases para justificar el hecho de hacer todo lo que hacemos y no dejar de hacerlo; éstas son: "nadie hace las cosas mejor que yo" o, lo que es peor, "si no las hago yo, no las
hace nadie". Cualquiera de estas dos frases constituyen ar-
gumentos de los cuales estamos absolutamente convenci-
das y frente a los cuales, tanto los hombres como el resto de
la familia, evidentemente, no van a hacer nada. Un hombre
no va a resolver algo que ya está, supuestamente, resuelto,
o algo que sepa que ya está haciendo su mujer o su mamá o
su hermana o su abuelita o su empleada.

Ante esta situación, que se repite hasta el hartazgo y
sin interrupciones, es fundamental comprender que si primero las mujeres no sueltan, al hombre le será muy difícil
aprender a retener. Es de responsabilidad individual dejar
de hacer cosas para que él o los otros se hagan responsables

de lo que les corresponde, y no seguir educando y formando a nuestro alrededor una generación de inútiles tras una mujer agotada, que se queja todo el día de lo que hace, pero no deja de hacer nada de lo que está haciendo.

6. La rabia de los hombres y la tristeza de las mujeres

En el aspecto emocional aparece la sexta diferencia entre lo femenino y lo masculino; esta diferencia tiene que ver con que, al parecer, lo femenino está entrenado para entristecerse por todo y lo masculino está entrenado para enfurecerse por todo.

Cuando me referí a lo que implican los conceptos de *soltar* y *retener* escribí que uno de los ejemplos de retención o de conducta retentiva tenía que ver con los llantos, con llorar, ya que con éstos se busca llamar la atención del otro para que venga a mí y me ayude, me consuele. En cambio, la rabia hace que uno se suelte del otro, me desprendo del otro para que se aleje de mí y esto tiene que ver, evidentemente, con un gesto por lo general más propio del acto de soltar.

No es poco frecuente observar que los hombres pueden ser mucho más cariñosos como abuelos de lo que fueron como padres, lo cual se debe, fundamentalmente, a que han ido incorporando elementos femeninos a lo largo de su vida; pero, por sobre todo, está el hecho de que el objetivo que tenían con los hijos no era precisamente quererlos o consentirlos, sino más bien educarlos; con los nietos, en cambio, su objetivo es más bien quererlos o consentirlos.

Por eso también muchos hombres se ponen más llorones a medida que envejecen, ya que van tomando contacto con sus emociones, pues sus facetas productivas o de logros externos van disminuyendo y dejan el espacio necesario para poder valorarse en términos más emocionales.

A esta capacidad de la mujer para lograr entristecerse por todo se contrapone la necesidad de aprender también a enfurecerse, pero a enfurecerse solamente, es decir, a experimentar la rabia sin incorporar el llanto. Seguramente a muchos de los que están leyendo este libro —hombres y mujeres— les ha tocado vivir la experiencia de discutir con una mujer y que en el momento en que ésta se pone a llorar la discusión pierde todo tipo de efectividad o de posibilidad de ser resuelta desde el punto de vista masculino. Para los hombres, incluso, ésta es causa de la imposibilidad absoluta de seguir conversando, pues cuando esa mujer o esa persona empieza a llorar, el objetivo será tratar de eliminar el llanto y no precisamente el de solucionar el conflicto que lo generó.

Esta diferencia explica también el que los hombres puedan enrabiarse con gran facilidad y dejar de estarlo o alejarse de ese conflicto en forma mucho más rápida, ya que la rabia es un elemento que tiende a desaparecer en la medida en que se descarga; en cambio, la pena, la tristeza, es un sentimiento bastante "adhesivo", cuesta que se desprenda de nuestra vida emocional, lo que dificulta otra vez el que las mujeres podamos soltar las peleas o la discusión que la haya generado.

7. Los tiempos personales marcan otra importante diferencia

Quizás uno de los puntos más relevantes en lo concerniente a las diferencias psicológicas entre lo femenino y lo masculino, y que mayor repercusión tiene en la infelicidad de las mujeres, es la diferencia que tenemos hombres y mujeres en el ejercicio de los tiempos personales. ¿Esto qué significa realmente? Significa que a las mujeres nos cuesta mucho darnos tiempo para nosotras mismas sin que esto venga acompañado de un factor culposo, el que a su vez y de alguna manera tiende a dañar nuestro grado de satisfacción en el proceso vivido. En cambio, para los hombres es muy fácil ejercer tiempos personales, y para ellos darse esos tiempos está incorporado incluso culturalmente como un derecho básico.

A nadie se le ocurriría interrumpir a un hombre mientras duerme una siesta, está en el baño o ve en la televisión las noticias o un partido de futbol. En términos culturales está permitido y existen códigos inconscientes que apoyan el que los hijos despierten a la mamá únicamente o, al menos, antes que al papá. Esto está del todo validado por el código femenino más habitual.

Lo mismo pasa con el tema de entrar al baño. Si en Chile las mujeres sufrimos de estreñimiento, en ochenta por ciento de los casos es porque tenemos pésimos hábitos y un peor aprendizaje de lo que implica y significa ir al baño; hasta al baño vamos rápido y por eso no hemos logrado evolucionar con nuestro colon irritable ni con nuestras alteraciones gástricas. No son nada escasos los ejemplos en que las mamás van al baño con los hijos para que éstos no estén solos o simplemente para evitar que se planten a llorar junto a la puerta, convirtiendo ese momento en una instancia de conversación. También, claro está, nuestro colon y nuestras alteraciones gástricas tienen que ver con ese entrenamiento emocional deficiente que no nos permite decir lo que sentimos y, sobre todo, expresar la rabia.

Esa capacidad masculina —y, por lo general, incapacidad femenina— de manejar los tiempos tiene una alta repercusión en el nivel de satisfacción de la vida cotidiana. En la medida en que me permito tener tiempo para mí, el grado de satisfacción con respecto a la vida que llevo debería ser mayor, así como menor la tendencia a responsabilizar al otro de los tiempos que él sí se permite. En general, las mujeres cometemos el error de castigar o retar a los hombres cuando los vemos ejercer sus tiempos personales, y esto nada más porque nosotras no somos capaces de generar esos mismos tiempos o esos mismos espacios en beneficio nuestro, culpándolos a ellos de algo que están haciendo bien y que, claramente, debemos imitar. Las mujeres —o los hombres— que no cuenten con esos espacios personales tienen la tarea de descubrirlos. No existe en el ámbito femenino ninguna actividad que se compare a la satisfacción que la gran mayoría de los hombres experimenta cuando ven un partido de futbol o cuando se juntan a compartir alguno de esos partidos.

Es importante que las mujeres aprendamos a tener tiempos personales para que no caigamos en la tendencia irresistible de culpar a los hombres a nuestro alrededor de los tiempos que ellos sí se permiten —en "desmedro" nuestro—, y con esto aparecer como las víctimas, como quienes siempre estamos dando lo mejor a los demás y que, en el fondo y para colmo, a nosotras nadie nos lo agradece.

Ahora bien, incluso cuando nos hacemos el tiempo para nosotras necesitamos del reforzamiento externo. Esto, claro, para los hombres es otra situación incomprensible, ya que el discurso masculino suele afirmar y reclamar que por qué, si nosotras estamos haciendo algo que queremos hacer, requerimos además de un refuerzo. Pero ocurre que sí, que es verdad que nosotras necesitamos sentir explícitamente ese apoyo, porque sólo así constatamos que nuestra pareja o quienes nos rodean son capaces de valorar nuestras experiencias y, de esta manera, podemos seguir haciendo nuestras cosas más contentas y ser más efectivas en nuestros propósitos.

Como dije anteriormente, la mujer tiende a vivir los conflictos de manera retentiva o muy lenta y, por lo tanto, le cuesta mucho salir de un conflicto para entrar en otro o, simplemente, para dejar de estar en un conflicto. En general, las mujeres nos demoramos mucho, nos complicamos entre nuestras penas, nuestras rabias, entre a lo que le damos sentido y aquello a lo que no queremos dárselo, dificultándosenos la capacidad de avanzar. En cambio, al hombre, por contar con una mayor capacidad para soltar, se le hace mucho más fácil desprenderse de los conflictos y pasar de una etapa a otra. Frases como "cambia la cara", "ya, pues, si ya te pedí perdón", "mi amor, ¿qué más quieres que haga para poder estar bien?", o "a ti no hay cómo tenerte contenta", ejemplifican la dificultad de las mujeres para avanzar con rapidez en sus conflictos y la facilidad que tienen los hombres en el proceso de superarlos.

Otra diferencia que ya mencioné, pero a la que quisiera referirme en forma más específica, es la necesidad de la mujer de estar acompañada cuando se siente mal. Esto significa que necesitamos a nuestros hombres junto a nosotras, tratando de acogernos y no dándonos soluciones frente a los conflictos. Por su parte, el hombre necesita estar solo cuando está confundido para poder resolver internamente sus conflictos y, posteriormente, mostrar sus logros o sus objetivos resueltos. Por lo dicho hasta aquí es que los hombres serán más proclives a dejarnos solas cuando nos vean mal, porque eso es lo que les gusta que hagan con ellos; en cambio, nosotras necesitamos que nos acompañen para poder superar nuestro conflicto y, ojalá, que nos permitan hablar para poder descargar nuestras dudas, reflexiones e intimidades emocionales. Teniendo claros estos dos tipos de comportamientos que responden, a su vez, a dos formas distintas de enfrentar los conflictos, hombres y mujeres pueden comprender y satisfacer mejor las necesidades de uno y otra, sin entrar en una espiral de desencuentros e incomprensiones y, mejor aún, promover los espacios y las instancias para que uno y otra puedan salir victoriosos de sus propios conflictos.

Aprovecharé este punto para dar un pequeño pero importante dato: cuando una mujer dice "siento pena", "estoy enojada", "estoy triste" o "no sé lo que me pasa, me siento rara" —aspecto bastante frecuente en la estructura psicológica femenina— no es necesario que los hombres nos pregunten siempre el porqué. Cuando se pregunta el porqué, la mujer está obligada a dar una razón y es muy difícil racionalizar un sentimiento o una emoción que se está teniendo; además, cuando damos una razón, ésta puede ser debatible o no válida para la otra persona, con lo cual la discusión cambia o da un giro que va desde mis sentimientos o desde mi emoción hacia la intelectualización de ese mismo sentimiento, y esa intelectualización sí puede ser discutible.

Nadie me puede discutir que yo tenga pena y decirme que no es cierto que la sienta, pero sí me pueden decir que no es válido que yo esté triste por haberme peleado con mi mamá, porque probablemente ese hombre dirá "pero tú sabes cómo es tu mamá". En ese momento, entonces, seguramente me veré obligada —aun cuando esté entristecida con mi mamá— ¡a tener que defenderla! En ese preciso minuto la discusión pasa a ser sobre mi mamá y no sobre la tristeza que experimento. Esto, a su vez, lleva a que de una u otra manera me sienta descalificada como mujer o rechazada en mi punto de vista emocional, pues no me parece que mis emociones sean acogidas por ese hombre en ese momento y conforme las estoy sintiendo.

Algo similar ocurre cuando uno expresa alguna sensación de agobio o cansancio, pues el hombre suele comenzar a dar las correspondientes explicaciones de por qué una está agobiada o cansada. La sensación de agobio lleva a una explicación y esa explicación tiende a ser continuamente rebatida por la mujer, generándose la típica discusión que, claramente, no termina por resolver la sensación de agobio y de cansancio. En este sentido, la estructura femenina es muy básica y sólo le basta con un vaso de jugo, con una caricia en el pelo o con una comida en la cama para poder resolver el conflicto.

Es muy aconsejable tener en cuenta lo señalado hasta aquí en la estrategia de solución de los conflictos entre
hombres y de mujeres.

8. *Hombres y mujeres juegan de forma diferente*

La conducta lúdica es otra diferencia que marca muy especialmente los comportamientos femenino y masculino. En
general, las mujeres dejamos de jugar a muy corta edad,
esto quiere decir que si una niña de cinco o seis años juega
o está jugando a las muñecas, en realidad ya no está jugando a las muñecas, pues han de saber que esa muñeca ya
no es una muñeca: es Florencia, es Andrea, es Catalina. La
muñeca tiene nombre y ese juego puede experimentarse
como una obligación o como una tarea de aprendizaje, ya
que si se le daña o se le cae esa muñeca, va a sufrir como si
fuera una hija y, por supuesto, eso deja de ser una conducta
de juego. En una conducta de juego me puedo equivocar y
nada pasa. Cuando la niña está jugando a las tacitas, tampoco juega a las tacitas, ya que tiene que poner el plato, la
cuchara al lado y en el orden como ha visto que lo hacen o
le han enseñado y, en la medida en que está obligada a hacerlo bien, ya deja de ser una conducta lúdica. Todo esto en
el entendido de que cualquier conducta lúdica involucra
un aprendizaje. Esto hace clave observar la seriedad con la
cual las niñas juegan a este tipo de situaciones.
Los hombres, en cambio, nunca dejan de jugar; se dice
que "ellos cambian los autos chicos de cuando son niños,
por los autos grandes cuando son adultos". Es divertido

mencionar que en la investigación realizada se descubrió que a la única cosa que un hombre le podría ser cien por ciento fiel en la vida, sin cambiarse jamás de una situación a otra, era a un equipo de futbol. Los hombres que participaron declararon que bien podrían cambiarse de partido político, de mujer, incluso de hijos, pero su equipo de futbol no lo cambiaban, así estuviera en cuarta división. Esta conducta que parece un tanto cómica, refleja la valoración que el hombre o la estructura masculina le da al juego como un elemento de salud mental y que, por supuesto, a las mujeres nos falta.

9. *Externalizar e internalizar**

Lo femenino y lo masculino también se diferencian en sus respectivas capacidades para externalizar la felicidad y el deseo sexual, en el caso de las mujeres; y la marcada tendencia de los hombres a internalizar la felicidad y sus logros. Con esto me refiero a lo siguiente: el hombre encuentra la causa de su felicidad o infelicidad, generalmente, en los obstáculos que ha podido encontrar en el camino para llegar al logro de sus objetivos; la mujer, por su parte,

---

* Cuando me refiero a "externalizar" e "internalizar" no estoy atendiendo a procesos psicológicos de alta complejidad mediante los cuales se elabora la información proveniente desde dentro o desde fuera del ser humano. Lo uso sólo para identificar lo que podría asemejarse al "locus de control" puesto fuera o dentro de las personas. Sin embargo, la experiencia me indica que cuando se les explica a las personas en qué consisten estas palabras, las usan con total facilidad.

responsabiliza a otras personas de sus infelicidades o sus felicidades. Esto no es ajeno al deseo sexual, ya que las mujeres tienen la sensación a nivel cultural de que este deseo no es algo que les pertenezca, sino que es algo despertado por el otro, y ese otro —si lo despierta bien— puede hacerla disfrutar. De no ser así, las mujeres expresan que esa persona o ese hombre no las hizo disfrutar sexualmente debido a una incapacidad de él para hacerlas gozar.

El deseo sexual "no baja", el deseo sexual "no me llega", el deseo sexual "no me viene". Éstas son las tres frases más comúnmente empleadas por las mujeres dentro del consultorio. Como podrán apreciar, para ellas se trata de algo por completo externo y ajeno a sí mismas, por lo tanto, difícilmente autogenerable. Ahora bien, el deseo sexual existe en las mujeres, en nuestra naturaleza y es algo grato de experimentar, pero mientras no nos hagamos responsables de ese deseo, difícilmente vamos a desarrollar y vivenciar una sexualidad madura, basada en la responsabilidad.

Respecto a lo dicho en el párrafo anterior, es común observar que cuando un padre se entera de que su hija ha iniciado su vida sexual, le echa la culpa al novio, al "amigo con derechos" o a la persona que actuó como pareja en ese proceso. Esto ocurre principalmente porque para los papás es muy difícil percibir, evaluar o concebir a su niñita, a esa hija de él, ni más ni menos que excitada sexualmente. En ambientes religiosos debería ser más fácil indicar y conseguir la postergación de la iniciación sexual: lisa y llanamente habría que decirles que se "aguanten", esto es, que tengan la fuerza de voluntad para esperar a estar lo más listos posible para asegurar el comienzo de una etapa nueva y feliz. Contar con mayores grados de madurez será siempre apostar a algo más seguro. Esto debería exigirse por igual a niños y niñas.

Otras frases como "yo soy así porque mi mamá no era cariñosa conmigo", "yo soy así porque siempre mis papás quisieron más a mi hermana que a mí", "yo soy así porque tú no me preparaste sexualmente y como no eres cariñoso yo no tengo deseo sexual", "yo soy así con mis hijos porque ellos son mal agradecidos y porque objetivamente no reconocen todo lo que yo hago por ellos" reflejan esta causalidad externalista en las mujeres, a través de la cual explicarían el origen de la infelicidad por culpa de los otros. Esta postura ha facilitado que las mujeres adoptemos una posición y su correspondiente visión de víctimas frente a las situaciones, sin hacernos responsables de las causales de estos conflictos.

En el próximo capítulo compartiré con ustedes otra importante diferencia que es posible determinar con mayor claridad, pues responde a un funcionamiento distinto a nivel psiconeurológico. Se trata de la programación más visual de los hombres, que los lleva a procesar la información que viene desde fuera de forma distinta a como lo hacen las mujeres, cuyo procesamiento de los procesos psicológicos que experimentan es más marcadamente auditivo y sensorial.

Capítulo IV

*El privilegio del ver masculino y el privilegio
del sentir femenino*

A partir del tipo de respuestas que las mujeres del taller
daban a algunas preguntas, surgió la inquietud de plantear
una interrogante nueva (primero a las niñas y adolescentes): "¿Cómo creen ustedes que se van a dar cuenta o que
van a saber que están enamoradas?". La respuesta era dada
a coro y era siempre la misma: "Lo vamos a sentir".

Luego, pregunté al grupo de mujeres adultas: "¿Cómo
y cuándo saben o sabrán ustedes que tienen un orgasmo?";
la respuesta (como la anterior de las niñas y adolescentes),
fue: "Lo vamos a sentir".

A propósito de las reiteradas respuestas en orden a
"sentir" me entregué a la tarea de investigar por qué era tan
fácil para las mujeres dar y quedarnos con una respuesta
en relación con el sentir, por qué una respuesta de este tipo
nos deja perfectamente satisfechas para entender y manejar la realidad. Me interesaba sobremanera determinar en
alguna medida o forma de dónde podía surgir esta tendencia a internalizar afectivamente todos los aprendizajes y,
por otro lado, en el caso de lo masculino, a externalizarlo

todo, tanto desde el punto de vista de lo que era la visión como desde los hechos objetivos de la realidad.

Biólogos, estudiosos de la forma de adquisición de la información y especialistas en programación neurolingüística coinciden en responder a esta cuestión aludiendo al hecho de que pareciera ser que las mujeres, por no tener acceso visual a su genitalidad u otros funcionamientos corporales, internalizan los procesos como "procesos (de) sentidos"; por ejemplo, la mujer cuando va al baño no ve cuando orina, ella sólo escucha y siente que orina. Cuando la mujer da pecho tampoco ve con exactitud lo que está pasando con su leche, sólo puede estar segura de que su bebé está tomando cuando siente que succiona. Por otra parte, la excitación sexual de la mujer se manifiesta, en primera instancia al menos, como unas ciertas "cosquillitas" en su cuerpo. Algo muy parecido ocurre con la respuesta orgásmica. Las mujeres nos hemos puesto de acuerdo de manera bastante cómica en que todas experimentamos un mismo tipo de orgasmo, cuando la sensación orgásmica es algo absolutamente subjetivo y su evaluación depende de la historia de cada mujer, porque no existe ningún dato —como sí ocurre con los hombres— visual que le indique que está experimentando un orgasmo. Todos estos procesos afectivos o emocionales que se resuelven más bien por medio de escuchar y sentir, generarían, a su vez, que la programación y el acceso a la información en la mujer sea a través del oído y de las sensaciones auditivas, táctiles y olfativas.

Todo lo escrito en el párrafo anterior explicaría que las mujeres tengamos más y mejor desarrollada nuestra capacidad intuitiva, ya que nuestra forma de conocer el mundo se realiza principalmente a través de sensaciones.

Destaco, a propósito de lo expuesto en este capítulo, lo importante que es para la estructura psicológica femenina el oír que las quieren, que se ven bonitas, escuchar que son las personas más importantes, porque, en gran medida, esas palabras nos hacen sentir que eso es verdad.

En los últimos avances de tratamiento a mujeres maltratadas físicamente por hombres, se ha descubierto que si la mujer que está sufriendo el maltrato deja de escuchar al hombre que lo propina puede adquirir la seguridad interna para no permitir que le vuelvan a pegar nunca más. Pero mientras esa mujer siga escuchando lo que ese hombre le dice a modo de disculpas —"mi amor, estaba borracho", "fue sin intención"—, dado el poder que para ella tiene lo auditivo seguirá creyendo en sus palabras, con las consecuencias que todos conocemos: el hombre reincidirá en la conducta de agresión.

A esta diferencia entre hombres que ven y mujeres que oyen se debe, en parte, el que no haya proliferado la ropa interior masculina a la par de la femenina. Es un factor más relevante para nosotras el oír de un hombre que nos encuentra atractiva que el verlo con una ropa interior especial. Antes que tener que ver o no ropa interior, preferimos que nos hagan sentir que gustamos o que nos quieren; por eso también es que la ropa femenina cada vez tiene más surtido o es más variada, pues buscamos ser atractivas y queridas.

En la pornografía, la mayoría de las imágenes son de mujeres, pues como hemos visto, éstas atraen principalmente a los hombres. Las mujeres, en cambio, serían candidatas perfectas a enganchar o hacerse adictas al chat, ya que éste es interpretado como un mensaje auditivo de conversación tremendamente reforzador para la estructura psicológica femenina. El significado o la connotación que le doy a lo que escribo o a lo que me escriben depende en mayor medida de mis variables emocionales y afectivas y no de un criterio objetivo y real expresado en la conversación.

Esta diferenciación entre ver y oír nos acerca al hecho de que hombres y mujeres puedan mirar aspectos distintos del mundo. Dado lo fundamental de este punto volveré a revisarlo más adelante a propósito del comportamiento de las adolescentes en la actualidad.

La programación masculina está determinada de tal forma que los niños, desde muy pequeños, compiten para ver quién puede arrojar más lejos con sus chorros de orina; y los más grandes competirán por el tamaño del pene (que sea más grande o más chico, piensan, daría cuenta de un supuesto rendimiento sexual). Esto, a pesar de que está comprobado con creces que el tamaño no tiene nada que ver ni con la capacidad de disfrute ni con la capacidad de rendimiento sexual de un hombre. Pero, claro, lo visual es un elemento importante y, por lo mismo, la tendencia a compararse desde este punto de vista constituye una tendencia.

El aspecto visual desempeña también un papel importante porque los órganos sexuales masculinos están a la vista, lo que permite a los hombres estar en contacto con ellos en forma permanente; asimismo es visual el hecho de que la excitación produce la erección y éste es un hecho absolutamente registrable a través de los ojos. La eyaculación al término del acto sexual —que no necesariamente equivale siempre al orgasmo masculino— es un reporte visual de fin de acto y permite evaluar que el acto sexual ha terminado.

Esta diferencia entre hombres y mujeres ha llevado incluso a errores de aprendizaje cultural, a través de los que se legitima el hecho de que la mujer base su felicidad en "externalizaciones" o en factores externos, ajenos a ella misma. Si bien hoy en día se habla con toda naturalidad de la masturbación, este tema se aborda así principalmente en relación con los hombres, mucho más que en relación con las mujeres, a pesar de reconocerse como un fenómeno perfectamente posible de producirse en ambos sexos, sin mayores diferencias. Culturalmente, como anotaba a principio de párrafo, pareciera ser que el cuerpo del hombre está mejor determinado para que pueda ser disfrutado por él mismo; en cambio, el cuerpo de una mujer estaría entrenado para ser disfrutado por otro. Esto genera un montón de situaciones o daños afectivos, pues siempre se está culpando a "otro" de los problemas o de las infelicidades femeninas.

Esta tendencia del hombre a entrenar y disfrutar de su propio cuerpo versus la tendencia de la mujer a esperar a que llegue otro a despertar ese amor o ese deseo sexual, nos aproxima al siguiente capítulo, en el que veremos cómo los cuentos de hadas han influido y marcado fuertemente en la tendencia femenina de poner fuera de sí las motivaciones afectivas. Estos cuentos nos han enseñado a suponer que nuestra felicidad depende de otros.

Capítulo V

Los cuentos de hadas en la psicología femenina y masculina

"Érase una vez" es una expresión que todos hemos escuchado y que —una vez pasada la infancia— nos genera algún tipo de melancolía o recuerdo en relación con esa etapa de nuestras vidas. Nos hayan o no contado o leído alguno de estos cuentos tradicionales, ellos parecen formar parte del inconsciente colectivo de nuestra cultura y, por lo mismo, parecieran determinar o predeterminar muchas de nuestras conductas psicológicas a lo largo del tiempo.

En cuentos tan populares como *Cenicienta* y *Blancanieves*, las mujeres esperan a un hombre que las saque de su estado de infelicidad, que las resucite y las despierte del letargo para hacerlas felices, pues están "medio muertas" por la ausencia de ellos. En cuentos como éstos las mujeres por sí mismas parecieran no ser protagonistas de nada, pues tan sólo están a la espera de un hombre que debe llegar, descubrirlas y rescatarlas para poder así ser felices.

En lenguaje actual, tanto la Bella Durmiente como Blancanieves se encuentran en estado de coma, hasta que llega un señor que nadie conoce mucho, pero quien con un solo beso las resucita. Esto quiere decir —y nos enseña— que los hombres nos dan la vida que nosotras no tenemos. Además, no está de más recalcar que la causa de la infelicidad de estas protagonistas —en estos como en otros cuentos— está determinada por otras mujeres: en el caso de la Cenicienta son la madrastra y las hermanastras quienes la hacen experimentar una vida de abusos e infelicidad. Es una mujer —también madrastra— la que envenena a Blancanieves. Estas historias nos muestran desde nuestra más tierna infancia a personajes cuyas relaciones estarían marcadas por la envidia, la rabia interna o el deseo de venganza. Por otra parte, este tipo de conducta femenina —según lo determinan los cuentos de hadas— obliga a los hombres a tener que ser príncipes y cumplir, por ende, con una cantidad enorme de requisitos: tener posición social, estabilidad anímica, condiciones naturales de gentileza, ternura, belleza, estabilidad socioeconómica, proyección como buen padre, etcétera. Porque así son los príncipes perfectos. Ellos, por lo tanto, también serán desde muy pequeños determinados para ser susceptibles a caer en el juego de tratar de complacer al resto, intentando cumplir con esta cantidad de exigencias. También querrán ser príncipes y cubrir todas nuestras expectativas.

Así las cosas, aprendemos a través de estos cuentos que los hombres nos reviven, que la felicidad se logra sólo en la medida en que hay otro que la produce y que los hombres deben hacernos sentir y cumplir nuestros deseos en cuanto éstos van surgiendo. Cuando llega el príncipe a mi vida, ése al que evoco porque "yo siento" —según lo referido en los capítulos anteriores— que "es el hombre adecuado para mí", se supone que lo reconozco de inmediato.

No existe en estos cuentos el tiempo necesario para el conocimiento mutuo ni las experiencias que enseñan a descubrir lo que no me gusta del otro; en ellos el aprendizaje es instantáneo: "yo lo veo y sé que es él". Pero hay algo más: junto con reconocerlo tengo que dejar todo por ese hombre, pues se me garantiza que "voy a ser feliz para siempre".

En la vida que nos toca a todos y que transcurre fuera de los cuentos de hadas, vemos cómo esto se prolonga gracias a que interiormente vamos incorporando la imagen de un hombre que yo construyo, y luego viene el ineludible choque con la realidad, al darme cuenta en la convivencia cotidiana de que no estamos ante el príncipe de los cuentos, pues este hombre tiene mal genio o mal olor o hay algo de él que ya no soporto. El cuento en la vida real comienza entonces a incorporar la palabra "estafa", pues el cuento que yo leí y en el que creí no era así, a mí no me contaron una historia así. A estas alturas —como en la mayoría de los cuentos maravillosos— surge la elección y aparecen dos caminos: o acepto al hombre que tengo o intento cambiarlo. Si la elección es esta última, comenzaremos con esa carrera interminable llena de quejas y de intentos por transformar al otro, todo esto con las consabidas cuotas de infelicidad y amargura.

Ahora bien, no podemos dejar de considerar que internamente las mujeres tengamos por definición una concepción de hombre que es siempre la misma —ese príncipe perfecto— y que estamos todas enamoradas de ese mismo hombre. Entonces, aunque suene ridículo, el hombre que tenemos o que apareció o que nos llegó a la vida podría psicológicamente interpretarse como una especie de premio de consuelo, ya que el verdadero —el príncipe, el perfecto— anda errante por el mundo o le tocó a otra. Por esta razón también es usual oír quejas permanentes respecto de la realidad de hombre que tenemos al lado en vez de valorar su presencia real, concreta en nuestras vidas, sin poder tampoco reconocer las cosas buenas que tiene porque siempre estará en falta en relación con nuestro príncipe. Nuestro hombre real no podrá nunca cumplir a cabalidad con el modelo de príncipe que se fue formando en nuestro interior y desde nuestra más tierna infancia.

Consideremos este otro aspecto: en estos cuentos maravillosos es común encontrarse con que las relaciones femeninas se definen dentro de una estructura social en la que suelen ser ellas las causantes de una buena parte de —o de todas— las infelicidades de la o los protagonistas. Por ejemplo, a la Cenicienta la vida se le echa a perder cuando muere su papá, pues tanto la madrastra como sus propias hermanas la desprecian y, no sólo eso, le hacen la vida imposible. La condenan a vivir en la parte más oscura y miserable de su propia casa, rodeada de trastos y ratones, y la obligan a desempeñar los trabajos más duros. Pero esta mala vida —esta vida que no es vida— se le arregla cuando aparece el príncipe que la descubre, la rescata y le proporciona una nueva vida.

Blancanieves es condenada a muerte por la envidia y los celos de su madrastra. En el cuento no aparece ni una amiga, ni una sola mujer que la ayude. El cazador le perdona la vida, los enanos la protegen y una mujer —que, claro, es la madrastra, pero representa a otro personaje— que pasa por la casa donde vive, amablemente le ofrece comer una manzana envenenada. En la Bella Durmiente el hada mala, el hada que está enojada porque olvidaron invitarla a la fiesta, tiene más poder que todas las buenas y su designio se cumplirá pese a ellas, pese a la nodriza, pese a todos los cuidados que puedan brindarle. Sólo un príncipe será más fuerte que ella, que la muerte misma, sólo un príncipe podrá despertarla, sacarla del sueño en que están sumidos ella y todo el mundo que la rodea.

Este peso del príncipe —o de otros hombres que parecen príncipes— como "dador de vida" se siente todavía con mucha fuerza en nuestra cultura, son ellos y no las mujeres los que proporcionan la felicidad y el bienestar. Si una mujer está bien con su marido y, además, se mantiene bonita, es porque ese hombre tiene "buena mano". Él es quien hace que esa mujer se vea bien. En cambio, si una mujer está separada o sin pareja y anda de mal genio es porque le falta sexo, o sea, le falta el hombre. Si a una mujer de repente le da por arreglarse o por preocuparse por sí misma será porque tiene un amante o porque se está separando (con esto le demuestra al marido lo que se está perdiendo...).

Nuestras conductas femeninas están predeterminadas de una u otra forma por lo que los hombres o un hombre son capaces de generar en nosotras. La evidencia que arroja este dato indica que no estamos ante una concepción sana de la vida, pues dificulta que la mujer se haga cargo de sí misma en pos de determinar y avanzar hacia la felicidad y la autonomía. Lo más común es que esta mujer le pase la cuenta a otro de esta posibilidad o imposibilidad de ser feliz.

Los invito a continuación a reflexionar acerca de una de las conclusiones más importantes de la investigación.

Me referiré a la existencia no ya de un solo tipo de pensamiento, sino de dos estructuras de pensamiento que ten-
drían las mujeres y que, de alguna manera, competirían
entre ellas: el pensamiento mágico y el pensamiento real.

Capítulo VI

Pensamiento mágico vs. pensamiento real

Antes de entrar de lleno en las descripciones y diferencias de estos tipos de pensamientos, compartiré con ustedes algunas reflexiones y observaciones que, espero, sean de utilidad a la hora de precisar mejor aquello que designo como "pensamiento mágico" y que, adelanto, tendría una fuerte ligazón con el ser femenino.

Cuando pienso en la Tierra y en sus fases no puedo dejar de encontrar similitudes entre la estructura femenina y los ciclos del planeta. Es maravilloso —y tal vez un poco agotador— pensar que nosotras transitamos por las cuatro estaciones en un mes y que la vida no sólo circula a través de nosotras al igual que en los hombres, sino que además podemos incubarla. No es ninguna novedad señalar que las tribus milenarias identifican a la mujer con la tierra y que ella conecta a su pueblo con la naturaleza, mientras que los hombres lo hacen mediante sus productos o logros (para seguir con el lenguaje utilizado en este libro). Existen tribus en las que, por ejemplo, el periodo de la menstruación será el único momento del mes en que la mujer es atendida y colocada en un lugar especial del poblado para que toda la sabiduría emanada de ese ciclo pueda después utilizarla a favor de la comunidad.

Entonces surge con ineludible fuerza la pregunta sobre qué pasó con las mujeres que, gustando tanto del logro masculino, dejaron de contactarse con su identidad más profunda. Por una parte, la magia, entendida como intuición, como sabiduría o, si prefieren en términos más simples, como pálpito, se nos está esfumando. Considero un imperativo intentar recuperarla y para ello es imprescindible volver a la sabiduría que mostraron nuestras abuelas, de conocer e interiorizarnos todavía más en el quehacer de esa *machi* o curandera que todo lo sanaba, recuperar los usos de la mujer que con tocar a su hijo sabía si tenía temperatura o algo que exigía mayor cuidado, de esa mujer que conocía las virtudes de ciertos caldos para sanar alguna dolencia y de las que predicaban, contra todo feminismo, las formas y virtudes para conquistar a un hombre por el estómago.

Puedo reconocer hoy en día ciertas fuerzas que apuntan a la urgencia de que las mujeres vuelvan a sus esencias, a los méritos y no a los defectos de practicar el bordado, la pintura y otras labores que nos hacían tan mujeres; pero son muy fuertes y han ganado mucho terreno esas otras fuerzas que dicen que "nos enfermamos una vez al mes", que tenemos "pechugas" como si fuéramos pollos o cualquier otro animal plumífero, que nos "desgarramos en el parto", que lo mejor sería no menstruar todos los meses (y, por lo mismo, es una verdadera maravilla el médico brasileño que está trabajando en el prodigio de interrumpir la menstruación para siempre). Podría transcribir en este libro una gran cantidad de afirmaciones que usamos sobre todo las mujeres y que no hacen más que descalificar nuestro ser desde lo biológico hasta lo conductual. Conocidas de todos son las frases como que "el ama de casa no hace nada", dicha para favorecer a la que trabaja. Por otra parte, se postula que lo justo sería darle un sueldo a las mujeres que se quedan en sus casas, lo cual prueba la creencia de que sólo dando algo externo se puede valorar algo interno, que, por supuesto, no se trata más que de otro gran error.

Algo serio está pasando con la dignidad de la mujer, algo que la ha alejado de su centro interior, algo así como que le ganó el sistema. El retener no parece tan importante, es mejor avanzar y soltar todo, incluso los afectos. Los hombres nunca se han alejado de su centro, siempre han trabajado por sus objetivos y han ido incorporando elementos afectivos, han aprendido a retener y, en efecto, les ha hecho bien. En cambio, las mujeres estamos en vías de comenzar a soltarlo todo y no retener nada, pero esto, para colmo, manteniendo el principio de que la felicidad viene de afuera y no de nuestro interior. Si hablamos de felicidad, esta ecuación está lejos de proveerla.

Aclaremos desde este momento que cuando me refiero a pensamiento mágico en la mujer, como causante de su infelicidad, no aludo a la magia femenina causante de su intuición, de su sabiduría de y con la tierra. Esta magia en el pensamiento se parece más y mejor a las expectativas, a las definiciones internas que tenemos sobre las cosas, algo similar a lo que en alguna teoría psicológica puede entenderse como "pensamiento automático", análogo a la palabra deseo, sueño o fantasía, que en caso de no cumplirse

generará gran frustración, aun cuando no se tenga conciencia de ella.

Por esto es que planteo que una mujer mientras más
tenga de este pensamiento mágico —semejante a las expectativas y no a la intuición— al que me he referido en
el párrafo anterior, será más proclive a la infelicidad y más
infeliz hará a todos los que ella rodea y la rodean, porque
estos seres quedarán amarrados a estas expectativas no lo-
gradas que, muchas veces, ni siquiera ella sabe cuáles son.

Pensamiento mágico y pensamiento real

Al estudiar el fenómeno que —defectuosamente— he de-
nominado "externalización femenina", en el que la felicidad
de las mujeres estaba puesta siempre en el otro, se llegó a la
conclusión de que ella posee dos estructuras de pensamiento (a diferencia del hombre, que detenta en forma propia
una sola). Estas dos estructuras de pensamiento femeninas
vendrían naturalmente dadas por el "pensamiento real" y
lo que yo he dado en llamar como "pensamiento mágico".

La estructura de pensamiento real está basada, como
su nombre bien lo explica, en la realidad, en lo concreto,
en lo que de verdad tengo y en lo que está a mi alcance
y puedo ser capaz de valorar; en cambio, la estructura de
pensamiento mágico está determinada principalmente no
por el poder mágico que podemos tener las mujeres para
transformar la realidad, sino por una magia que a pesar de
ser irreal, de todos modos yo espero que ocurra, como algo
sorpresivo, frente a lo cual siempre se está en una postura

"ovular", de espera y paciencia: desde fuera ha de venir y suceder aquello que me salve, aquello que opere en mí el cambio deseado.

Este pensamiento mágico —relacionado con los deseos y las expectativas, no con la intuición— y el pensamiento real configuran la estructura psicológica femenina. A diferencia del pensamiento de las mujeres, el pensamiento de los hombres tendría una sola estructura dada en forma natural y la otra la aprenderían en la medida en que van incorporando elementos femeninos a su historia. Su estructura de pensamiento sólo está determinada por lo real y lo concreto, de modo que aparentemente el hombre tendría una mejor capacidad de disfrutar de lo cotidiano, ya que puede solamente valorar la realidad de lo concreto sin complicarse con lo que no está ocurriendo, pues él siempre, como he dicho anteriormente, se encuentra trabajando en un objetivo específico.

El pensamiento mágico funciona dentro de nosotras como un sinnúmero de expectativas de cómo deben ser las cosas; por ejemplo, cómo debe ser mi cuerpo, cómo deben ser las relaciones que establezco y las expectativas de cómo debe funcionar lo cotidiano. Cada vez que en la televisión muestran un comercial de un acondicionador para el pelo que lo nutre y elimina para siempre las puntas secas, se induce a cientos de mujeres a ir en búsqueda de ese producto, pero la mayoría de ellas comprará más que el acondicionador en sí mismo: comprará la magia y no la realidad, porque para que aquello a lo que se hace publicidad haga efecto en mí, primero debo hacerme un análisis que indique mi tipo de cabello, si necesito o no un acondicionador y conocer los ingredientes con que debe contar para que efectivamente sea beneficioso para mi problema. Ahora bien, lo primero sería valorar si realmente lo necesito, pero la experiencia indica con abrumadora evidencia que la necesidad parece no ser un aspecto que las mujeres valoramos en estos casos, pues ésta es una compra mágica. Al igual que el acondicionador, son compras mágicas las pastillas para adelgazar, las cremas antiarrugas o todo aquello que tiene que ver con situaciones, servicios u objetos que nos venden en el comercio y que bien pueden tener una base científica muy real y ser efectivas en sus resultados, pero que claramente requieren de otras condiciones para ser del todo beneficiosas, como lo son una buena alimentación, una piel hidratada, tomar líquido, una vida activa y otras condiciones que habrán de ser el feliz complemento para lo que este producto ofrece. El producto en sí mismo no será el causante único del cambio, como el pensamiento mágico tiende a indicar. Esta magia está asociada, en primera instancia, a cómo debo ser yo, a ciertas definiciones internas de cómo debo funcionar y entender mi cuerpo, mi belleza, la forma de comportarme y, por lo tanto, mis propias concepciones acerca de la manera como tienen que ser las cosas.

También este pensamiento mágico se puede expresar o se puede deducir en relación al modo en que deben ser las relaciones que establezco. Yo, internamente, tengo una imagen o una definición de mamá y esa definición interna ha sido construida sobre la base de una madre ideal, la que aparece fundamentalmente en los cuentos que nos leen cuando pequeñas. En ellos las mamás son cariñosas, fraternales, positivas, generosas, siempre dispuestas a ayudar e incondicionales. Sucede entonces que cuando yo abro los ojos y descubro a mi mamá, probablemente se origina una serie de discrepancias entre la imagen interna de madre que tengo mágicamente incorporada y la imagen real de mamá que yo de verdad puedo incorporar y con la que posiblemente convivo diariamente. Producto de estas discrepancias entre el ideal mágicamente incorporado y la mamá real con la que tengo que convivir, discuto o peleo con mi mamá real, pero en realidad no es que esté peleando con mi mamá real, sino que peleo con la idea interna, con la imagen de madre que mi mamá real no es capaz de cumplir. Esto es válido para las relaciones de pareja, las relaciones con los hijos, las relaciones laborales y para todas aquellas relaciones que establecemos las mujeres.

El pensamiento mágico produce otro tipo de consecuencias psicológicas en nosotras y en las relaciones que establecemos. Se trata de consecuencias cuyo impacto no es menor y que configuran parte importante de nuestro funcionamiento. Las consecuencias de este pensamiento mágico son o forman parte a su vez de las causas de la ansiedad, la que se genera por la discrepancia que existe entre el pensamiento mágico y el pensamiento real (más adelante me referiré en forma especial a la ansiedad debido a la relevancia que este tema tiene dentro de nuestra estructura femenina).

La queja constante es otra de las consecuencias del pensamiento mágico, ya que como en mi vida real no se van cumpliendo mis pensamientos mágicos, el pensamiento femenino comienza a quejarse de que la vida no

está siendo como se desea, por lo tanto, sus consecuencias
son a la vez la causa de la infelicidad en las mujeres en lo
personal y en lo afectivo. No queda sino aceptar que lo que
gobierna es la existencia de lo real, que en este caso estará
siendo continuamente boicoteado por lo "mágico".

En lo que respecta al pensamiento real masculino es
importante reconocer y valorar que los hombres necesitan
incorporar elementos del proceso —no sólo aquello que
tiene que ver única y exclusivamente con los objetivos—
dentro de su historia para darle un significado y una emoción a lo que viven, puesto que la experiencia de trabajar
sólo por los logros no alcanza para producir satisfacción ni
plenitud. Esto se haría necesario principalmente a falta de
una preeminencia de los componentes que proporcionan
el desarrollo de lo afectivo y lo emocional. Por otra parte, desde el punto de vista masculino, será siempre beneficioso que los hombres entiendan este pensamiento mágico
femenino, pero, por lo mismo, no intenten satisfacerlo porque van a "morir en el intento". No serán capaces jamás de
satisfacer estas estructuras y este pensamiento mágico, y,
por lo tanto, se quedarán con la sensación de un logro no
cumplido o esto les producirá insatisfacción y frustracio-
nes, lo cual los alejará irremediablemente de estas mujeres siempre descontentas. Ejemplos sencillos de situaciones
de incomprensión de parte de los hombres al pensamiento
mágico femenino son frases tales como "a ti no hay cómo
tenerte contenta" o "todo te molesta". Estas frases son di-
chas por hombres que han intentado satisfacer el pensamiento mágico de sus mujeres, pero como se trata de un
pensamiento muy difícil de complacer, pareciera que no

han sido capaces de hacerlo y tampoco logran producir la sensación de plenitud y de satisfacción en ellas.

Hombres y mujeres debemos aprender a hacernos felices mutuamente, principalmente a través de la valoración de nuestras diferencias, pero esta propuesta dista mucho de que los hombres crean que deben satisfacer todos nuestros pensamientos mágicos. El pensamiento mágico, según como lo he descrito, no es beneficioso para el desarrollo de las mujeres y menos lo será el que la pareja o quienes nos rodean intenten siquiera satisfacerlo, pues ni las propias mujeres lo logran y menos aquel que cree poder interpretar desde fuera el fondo y los alcances de este tipo de pensamientos.

En el capítulo siguiente hago especial hincapié en aquello que tiene que ver con las causas de la infelicidad femenina y masculina; intento así comenzar a resumir para entender de mejor forma cómo todos los elementos que he mencionado en los capítulos anteriores se unen para formar una estructura coherente e integrada de conceptos y planteamientos. El objetivo será lograr la comprensión de lo que hombres y mujeres podemos hacer en nosotros mismos y en los demás para ser más felices.

Capítulo VII

Causas de la infelicidad

Hasta ahora hemos analizado y comprendido conceptos y aspectos de nuestra vida cotidiana que hacen que seamos menos felices. A nuestra infelicidad contribuye el no saber ni comprender cómo funcionamos hombres y mujeres, pero más daño nos hace todavía el estar siempre esperando que ocurran cosas que al final no suceden.

La primera causa de la infelicidad femenina estaría dada por la dificultad de las mujeres en el manejo de los tiempos personales.

Es fundamental que si una mujer quiere ser feliz, busque y logre tener tiempo para ella, e igualmente fundamental es que ejerza ese derecho sin culpa. Ese tiempo personal facilitará el poder estar en contacto con ella misma y conocerse internamente, lo que le permitirá entender los tiempos personales de los demás.

Es causa de infelicidad femenina la queja constante.

La queja es un elemento que en general los hombres no aceptan de buena forma, lo mismo que probablemente les sucede con el llanto, porque se trata de situaciones a las que no pueden encontrar ninguna solución aparente y cotidiana. Esta queja, como ya vimos, se genera a partir de la discrepancia que existe entre el pensamiento mágico y el pensamiento real; vale decir, la queja es consecuencia de esta discrepancia y, a su vez, causa de incomprensiones.

Otra causa de la infelicidad femenina se debe fundamentalmente a la "externalización" de la felicidad.

El situar fuera de nosotras mismas tanto las causas de la plenitud como de las desdichas no nos permite forjar nuestro propio proyecto o pauta de vida, sino que estamos a merced de lo que hagan, digan, sientan o expresen los otros, con las consecuentes malas interpretaciones de nuestra parte.

La estructura de pensamiento mágico es causa primordial de infelicidad femenina.

Como ya he venido sosteniendo, mientras más pensamiento mágico tenga una mujer, más desdichada va a ser, y, por lo tanto, va a hacer infelices a todos los que la rodean. Esto no quiere decir y nada tiene que ver con que las mujeres dejen de soñar. Aquí de lo que se trata no es de dejar de soñar, sino de añadirle magia a la realidad que tenemos y no intentar hacer real lo mágico, porque este camino es el que genera aflicción e infelicidad en las mujeres.

Debemos apreciar la realidad que tenemos, y a esa apreciación que cada una tiene de la realidad incorporarle nuestro encanto y toda la ternura de que seamos capaces y que la realidad aguante. Con encanto y ternura se hacen las mejores magias; pero si intento hacer real mi pensamiento mágico voy a morir agotada, infeliz y haciendo infelices también a cuantos me rodean.

Por último, tenemos que la ansiedad es causa de infelicidad femenina.

La ansiedad tiene su origen en el pensamiento mágico y está principalmente determinada por la discrepancia o la diferencia que existe entre el pensamiento mágico y el pensamiento real. Cuando uno entiende el comportamiento ansioso como una traducción de pensamiento mágico no satisfecho, es más sencillo solucionar las conductas ansiosas.

Existen dos grandes causas que hacen que un hombre pueda sentirse infeliz: la incapacidad para estructurar soluciones y no lograr las metas.

La infelicidad masculina estaría determinada principalmente por ser o sentirse incapaz de proporcionar soluciones a los problemas a los que se enfrentan en el transcurso de su vida y por el fracaso en las metas que se proponen. Ahora bien, el no lograr los objetivos puede tener que ver con la parte afectiva y emocional, pero ellos siempre estarán principalmente centrados en el no logro de objetivos y

soluciones frente a los obstáculos que, de una u otra manera, se les van presentando en el camino.

Trabajo personal para superar la infelicidad
y lograr la plenitud

Al hacer evidentes ante los lectores y lectoras estas causas de
infelicidad masculina y femenina lo que quiero es que, además de comprenderlas, puedan solucionar algunas de ellas y
entregarles pautas de trabajo personal como las que siguen.

Estas pautas de trabajo van dirigidas a hombres y mujeres, pues en todos convive lo femenino y lo masculino,
por lo tanto, cada cual deberá ver hacia dónde se inclina
su balanza y cómo lograr el equilibrio y el complemento.

> *Lo primero que debemos hacer hombres y mujeres es*
> *plantearnos qué es todo aquello que retenemos para*
> *nuestro bien y qué retenemos pero nos hace daño. Lue-*
> *go podríamos dar un paso más y visualizar aquello que*
> *tenemos que soltar porque nos está haciendo mal y vi-*
> *sualizar aquello que nos haría bien empezar a retener.*

Ésa es la primera gran tarea: hacer una lista con todas las
cosas que estamos reteniendo y todas las cosas que estamos soltando y ver qué estamos haciendo bien en retener
y qué cosas podemos soltar en esa capacidad retentiva que
nos hace daño.

Por ejemplo, a lo mejor podríamos ir a reuniones de padres de familia en la escuela de nuestros hijos si no estamos

yendo. Esto debería estar en la lista de lo que sería bueno retener ahora y que en algún momento anterior soltamos. Podríamos también identificar y anotar en nuestra "lista de soltar" el dejar de hacer cosas que no nos gustan y que nos hacen mal, pues nos generan conflictos y mal genio con respecto a nuestro funcionamiento cotidiano.

Trabajar con nuestros pensamientos mágicos y nuestros pensamientos reales. Si comprendimos bien los conceptos, entonces podremos —hombres y mujeres, más allá de nuestros géneros— ver cuál es el que predomina en nosotros, cuáles son los pensamientos mágicos que hay que intentar superar y en qué medida debemos trabajar por equilibrar nuestra estructura.

De acuerdo con el concepto de pensamiento mágico entregado en este libro, escriba un listado de todo aquello que en su vida actual tendría su origen en el pensamiento mágico, es decir, el de las expectativas nunca satisfechas. Quizá se encuentre con que no necesariamente haya que eliminarlos todos ni tampoco intentar disminuirlos. Existen algunos que tal vez no causan daño y otros que sí es urgente y preciso eliminar o desechar. Empiece poco a poco y con paciencia, porque recuerde que esto ¡no ocurre por arte de magia!

Intente también descubrir y analizar sus definiciones internas para comprobar si ellas están o no originando pautas tan exigentes que se tornan imposibles de cumplir. Al descubrir y hacer evidentes estas pautas que estarían funcionando para uno mismo debemos aprovechar y analizar si son o no las mismas con que evaluamos a los otros. Es muy recomendable descubrir si mi evaluación de los demás me impide o no disfrutar lo que ese otro me puede entregar. Sólo así podré experimentar la felicidad por lo que tengo y no entristecerme por lo que me falta.

> *La mayor parte de las filosofías y religiones plantean, en concordancia con la psicología, que la felicidad es aquello que tiene que ver con lo alcanzado al final del día; esto se dará sólo y en la medida en que somos capaces de registrar y valorar lo positivo de la jornada diaria y no lo negativo. Recordemos el clásico ejemplo del vaso: mitad lleno o mitad vacío. Si yo de alguna forma planteo que la mitad del vaso está vacía voy a tener una sensación de insatisfacción permanente; en cambio, si planteo que el vaso está lleno hasta la mitad voy a quedar satisfecha y podré experimentar sensaciones de felicidad. De esto depende que yo sea feliz durante un día.*

Todos experimentamos acontecimientos positivos y negativos a lo largo de nuestro día, pero depende de cómo registremos estos eventos el que uno se sienta más o menos feliz. No siempre ni a todos nos pasan cosas positivas, y esto tiene que ver con algo que siempre he dicho a mis pacientes y amigos: se trata de que los problemas psicológicos son en gran parte "problemas oftalmológicos", es decir, están relacionados con un problema de mirada, de cómo yo registro, miro, encapsulo lo que me está pasando para poder valorar la vida que tengo. Este mirar me determina o predeterminará la felicidad que yo logro experimentar y también define, en parte, la felicidad que proporciono a los demás.

En el capítulo siguiente los invito a que repasemos algunos aspectos que ayudan a la comprensión de la ansiedad, fenómeno psicológico tremendamente importante en el ámbito de lo femenino, por su especial relación con la estructura del pensamiento mágico y del pensamiento real.

Capítulo VIII

La ansiedad y sus consecuencias en el pensamiento mágico

Es frecuente escuchar relatos de mujeres que describen sus intentos por bajar de peso dejando de comer, sin lograr su objetivo. Ante situaciones como éstas surge la pregunta de por qué si dicen querer bajar de peso —y físicamente nada lo impide— no logran hacerlo. Lo mismo pasa con otras conductas como fumar, comprar, beber, etcétera.

La ansiedad —en tanto elemento femenino— pertenece o forma parte de todas nuestras estructuras psicológicas y nos acompaña en distintas áreas de nuestra vida. Esta ansiedad, de acuerdo con el modelo presentado, se generaría a merced de las diferencias que existen entre el pensamiento real y el pensamiento mágico; por lo tanto, si una mujer quisiera por ejemplo bajar de peso o dejar de fumar tendría que preguntarse primero qué cosas de su pensamiento mágico no está satisfaciendo y qué sí logra compensar o "satisfacer" a través del comer o del fumar. Después de que ella descubra cuáles son esos elementos de su pensamiento mágico que no logra satisfacer cuando se pone a dieta o decide dejar de fumar, es probable que disminuya su ansiedad y logre bajar de peso o dejar de fumar en forma natural.

Llama la atención que en la actualidad sean muchas las mujeres que manifiestan tener cuadros ansiosos y angustiosos. Quizás esto se deba a que nos toca vivir en un mundo tan agitado que nuestros pensamientos mágicos están cada vez más lejos de ser satisfechos.

La ansiedad femenina se expresa de distintas maneras y su repertorio más común, según esta investigación, tiene que ver con hablar mucho, comer, beber, comprar, llorar, gritar, fumar, moverse y reclamar.

Ahora bien, se trata de formas de ansiedad que van rotando, que se movilizan a lo largo de la vida por nuestra estructura afectiva y, por lo tanto, en el momento en que creemos controlar, por ejemplo, el comer, podemos comenzar a fumar en mayor cantidad. Esto porque la raíz de nuestra ansiedad no está en la consecuencia del hablar, comer, beber, comprar y todas las otras formas que ya mencioné, sino en la estructura de nuestro pensamiento mágico. A través de estas formas no hago otra cosa que intentar sedar, compensar o mimar mi pensamiento mágico.

Para poder eliminar la ansiedad puse en práctica algunas pautas de conducta que dieron, a lo largo de los tres años de esta investigación, muy buenos resultados. Estas pautas son las siguientes:

1. Disminuir el pensamiento mágico y trabajar una comunicación directa y franca, lo que se relaciona con decir lo que siento en el momento en que lo siento y en el contexto adecuado; esto tendría que ver con el desarrollo de habilidades de asertividad.

2. Trabajar con las manos. Éste es un punto central en el trabajo de la ansiedad. En Oriente se ha descubierto —y me ha asesorado en esto un psicólogo oriental— que la ansiedad femenina se elimina a través de la falange más próxima a las uñas de los dedos de las mujeres, por lo tanto, todos los trabajos que las mujeres hagamos de presión con las manos tienden a disminuir nuestras conductas ansiosas.

No es una mera coincidencia que hoy, que hacemos menos labores con las manos, nos sintamos más ansiosas. Sabias eran nuestras abuelas cuando decían que bordar, tejer y cocinar las relajaba, y consideraban que esas actividades eran terapéuticas. Quizá no sería una mala idea recuperar en los colegios las clases de cocina y labores manuales, como el bordado y el tejido, pues además de aprender actividades de utilidad práctica, eso contribuiría a disminuir nuestras conductas ansiosas.

3. En lugar de estar tratando todo el tiempo que el mundo sea tal y como espero o deseo en mi pensamiento mágico, apreciar el mundo real, cuidarlo y añadirle encanto, ya que en la medida en que lo valoro positivamente se genera menos ansiedad.

4. Aumentar la capacidad de soltar es otra de las características que de una u otra manera me llevarán a disminuir la ansiedad.

Digamos, a modo de síntesis, que es fundamental entender que será posible determinar y manejar la ansiedad puntual si distingo en qué medida vivo mi pensamiento real y mi vida real; en qué medida soy capaz de valorar la realidad de lo que tengo y no de lo que me falta y, también, cómo y cuánto soy capaz de disminuir mi pensamiento mágico a través de una comunicación franca, directa y sincera conmigo, primero, y luego con los que me rodean.

En este punto creo haber respondido a las preguntas que se generaron en esta investigación: ¿por qué las mujeres nos quejamos tanto?, ¿por qué cuando hablamos de nosotras siempre hablamos de otros?, y ¿por qué hemos contribuido en gran medida a transmitir esta visión un poco quejumbrosa o problemática del hecho de ser mujer? Buscando las respuestas a estas preguntas dimos con ciertas características que, por ser propias de las mujeres, podían a su vez extrapolarse al modo de ser femenino y, lo mismo, respecto de los hombres y lo masculino. Ahora bien, mi intención ha sido en todo momento compartir con ustedes las respuestas halladas, siempre con el convencimiento de que tanto hombres como mujeres tenemos rasgos en común, y en la medida que reconozcamos en nosotros mismos cuánto hay de femenino y cuánto de masculino estaremos más cerca de conocernos y aceptarnos, como también de conocer y aceptar el complemento más allá de los géneros y más cerca de nuestra propia humanidad.

Cabe preguntarse ahora qué pasa con nuestros hijos, con las nuevas generaciones, qué sucede con la educación que les estamos dando, cómo estamos trasmitiéndoles a ellos lo femenino y lo masculino. ¿Comparten ellos las diferencias psicológicas apreciadas entre hombres y mujeres que yo he descrito en esta primera parte?

La segunda parte de este libro intenta dar con algunas respuestas a estas interrogantes. Veremos cómo sí es posible educar hoy en día a mujeres y hombres plenamente mujeres, plenamente hombres, plenamente personas.

Cómo se logra ser lo más femeninas posible y lo más masculinos posible, sin tener que ser ni feministas ni machistas, favoreciendo el ser mejores personas y el complemento siempre tan necesario y vital. Veremos cómo eliminar la agresividad y la violencia que existe en nuestra sociedad y que en parte se origina en el trato cotidiano —aunque la mayor parte de las veces de manera inconsciente— hacia nuestros propios hijos y del que ya no se descansa ni siquiera cuando están entre pares, mostrándose como generaciones que se están agrediendo innecesariamente. Daremos un vistazo bastante general, pero que nos permita tener una idea clara del panorama infantil y juvenil. Intentaré compartir con ustedes las apreciaciones y conclusiones a las que he podido llegar gracias a la investigación que dio origen a este libro y a mi trabajo directo de años con adolescentes, trabajo que ha girado en torno a temas que son hoy día álgidos en relación con los contenidos que ellos reciben y con las alteraciones en la conducta de nuestras hijas e hijos, tanto en su comportamiento individual como social.

SEGUNDA PARTE

Desequilibrio y armonía

En esta segunda parte los datos y referencias que voy a mencionar se basan en la observación que, directa o indirectamente, pude realizar gracias a una serie de talleres en los que participo o dirijo, y al privilegio de poder asesorar a muchos de los colegios de la V y VII región y a otros cuantos en Santiago de Chile. También a que me impuse la exigencia de que me aceptaran formar parte de grupos de adolescentes de distintos niveles sociales y edades, hasta llegar incluso a participar en varias fiestas, ni más ni menos que durante tres agotadores pero muy fructíferos y enriquecedores meses. Todo lo que escribo aquí se debe a que he podido observar y diagnosticar sobre el comportamiento adolescente y su relación con lo femenino y lo masculino.

Esta experiencia, confieso, fue tanto llamativa como tremendamente fuerte. Reconozco no haber tenido una adolescencia muy plena en términos de salidas. Tengo casi cuarenta años y pertenezco a una generación que se crio bastante restringida en lo que a salidas nocturnas se refiere, por lo tanto, me resulta muy difícil entender los códigos de libertad actuales con los que se conducen los adolescentes.

Añado a lo dicho hasta aquí algo no menos importante, como es el que todas las observaciones y lo que aquí comentaré forma parte de las reflexiones que los propios adolescentes realizaron con respecto a sus conductas y en relación con las conductas de nosotros, los adultos. Anticipo que el análisis del mundo adulto y lo que refleja fue muy crítico; espero que esto sirva y dé testimonio de la urgencia de que los adultos reflexionemos sobre el porqué nuestros hijos no quieren crecer. Aunque con esto me adelanto a lo que debemos ver paso a paso, puedo anticiparles que no quieren crecer porque para ellos esto significa parecerse a nosotros y no quieren asimilarse a una generación que nunca tiene tiempo para nada, que hace muchas cosas urgentes a lo largo de todo el día —pero prácticamente nada importante—, que no sonríe y que de alguna manera está estresada por cosas que ellos jamás pidieron.

Capítulo I

Características de las nuevas generaciones de adolescentes

Esta generación tiene varias características en las que es necesario profundizar para, desde ahí, entender el comportamiento femenino y masculino de los adultos jóvenes, de los adolescentes y de los niños de estos tiempos.

Si usted es adulto —y por adulto voy a entender a mayores de treinta y cinco años— tendrá que recordar algunos antecedentes de su generación que son relevantes para saber qué mundo les hemos entregado a las futuras generaciones. Si usted tiene menos edad que eso, le contaré en forma muy breve cómo era la vida en Chile, mi país, en aquellos tiempos:

Para ver televisión había que esperar hasta las cuatro de la tarde y verla en blanco y negro; si yo quería cambiar un canal de televisión —las opciones eran no más de tres— tenía que levantarme de la cama y si no me levantaba a apagarla, ésta se quedaba prendida toda la noche, pero sin que dieran programa alguno: sólo se sentía el ruido blanco o quedaba la pantalla en negro. Con el fin de encontrar una ilustración para la clase de Historia, acudía a los quioscos de periódicos, por lo menos con diez días de anticipación.

Cuando las niñas llevábamos los zapatos a reparar con el zapatero, íbamos a la modista y los créditos casi no existían, por lo que la única manera de adquirir algún producto era ahorrando. Las parejas no se casaban con todo lo que necesitaban y daban inicio a una vida compartida con un sinnúmero de desafíos por cumplir.

Ustedes me preguntarán qué tiene que ver esto con el desarrollo de los adolescentes y de los adultos jóvenes; pues mucho, porque eso formó a una generación cuyos logros se basaban en el esfuerzo, en el concepto de espera y en la paciencia. En realidad es una generación basada en el rigor, pero que siente —y la anterior a ésta con mayor razón— que sufrió mucho debido a la rigidez con la que fue educada. Esto condujo a que inconscientemente, o tal vez no tan inconscientemente, intentaran facilitarle la vida a sus hijos. A esto, claro, no podemos dejar de sumar una serie de innumerables cambios culturales, entre los que se cuenta internet y la existencia del crédito masivo. La impaciencia gobierna la existencia de nuestros niños.

Si bien la ley que más tiende a aplicar el ser humano es la del menor esfuerzo, es asunto de mayor importancia notar que esta ley rige con propiedad y esplendor entre las nuevas generaciones, y todo esto gracias al gobierno, como dije, de la impaciencia. A esto es fácil sumar una escasa tolerancia a la frustración y la creencia de que la felicidad viene dada por criterios externos: niños y adolescentes que no saben aburrirse y a quienes hay que entretener como si eso fuera un deber del adulto. A la impaciencia se suma la flojera o el fastidio que también los gobierna desde que amanecen hasta que se acuestan.

No quieren esperar, lo quieren todo y de inmediato, se aburren pronto y necesitan cambiar rápido de objetivo porque de otra manera no les interesa seguir esforzándose. A esto hay que agregar que los padres nos sentimos culpables de no estar todo el tiempo que quisiéramos o que deberíamos con ellos, por lo que los gratificamos en demasía.

Les estamos haciendo la vida demasiado fácil y, por si fuera poco, el sistema social no nos ayuda en nada, todo es veloz, fácil y, aparentemente, los mejores resultados se obtienen sin esfuerzo; no hay para qué esperar si por una cómoda cuota puedo conseguir el producto que quiero o en Google puedo obtener la información que necesito. Por lo que he dicho hasta aquí y por todo lo que rodea a esta generación, la he llamado "Generación *on-off*": todo lo prenden y todo lo apagan, y esperan que el mundo funcione igual. Esto genera que las relaciones afectivas que establecen sean rápidas, intensas en todo sentido y desechables como todo lo que los circunda.

La descripción anterior podría indicar que tengo una visión muy negativa de los adolescentes, pero, la verdad, no es así; siento que es una generación muy auténtica, confundida, sin ídolos o modelos a quienes seguir. Sin embargo, el problema en realidad no lo tienen ellos, sino nosotros —los adultos—, ya que les hemos ido entregando un mundo que ellos no quieren copiar.

Ellos no quieren crecer y lo dicen todo el tiempo. No quieren copiar a una generación que, dicho por ellos mismos, no hace nada importante, sólo cosas urgentes; que anda enojada constantemente; que olvidó sus ideales y que trabaja todo el día sin saber por qué. Los adolescentes expresan que ellos jamás pidieron ese esfuerzo y que sienten que ese cansancio y sacrificio se los cobran sus padres todo el día. Al leer lo que plantean, no dan ganas de parecerse a algo así, ¿no es cierto? Por eso digo que el problema es nuestro, no de ellos.

A lo anterior debemos sumar el hecho de que los padres de estos adolescentes recibieron el mensaje de que "debían ser amigos de sus hijos" y esto se entendió, al parecer, como dejar de ser autoridad, no establecer límites, sólo ser amigos y contar con su confianza. Aquí se origina uno de los errores, a mi juicio, que ha generado muchos de los problemas que hoy tienen los jóvenes: la falta de autoridad y de límites. No exclusivamente los niños, también los adolescentes necesitan reglas claras, horarios y un encuadre que les permita distinguir los límites sobre lo que deben o no deben hacer.

Como les conté al comenzar esta segunda parte, participé en una gran cantidad de actividades con adolescentes, incluso me disfracé para incursionar en las fiestas de los jóvenes, y fui como una más a casi todas las discotecas de Viña del Mar, Valparaíso y Santiago. Luego de observar y hacer los análisis correspondientes a mi investigación, me dedicaba a transportar a estos niños a sus casas. Al momento de trasladarlos pude comprobar que a los que llevaba —y no en las mejores condiciones— eran los líderes del grupo, aquellos en quienes sus papás "confiaban" tanto que no era necesario ir por ellos. Lo que resulta contradictorio es que estos mismos niños no sentían que sus padres se preocuparan por ellos y manifestaban envidias por los niños cuyos papás estaban parados afuera a la espera y desde temprano. Seguramente, estos niños se deben enojar con sus padres por la insistencia, pero, sin duda alguna, en unos años más, se los agradecerán. Urge perderle el miedo al conflicto, pues por evitarlo estamos teniendo más y peores problemas de los que deberíamos.

Evitar el conflicto responde a otro fenómeno cultural y masivo que tiene que ver con la evitación del dolor: hacemos todo lo posible para no sufrir o para que el sufrimiento sea lo más breve o leve posible; por esto evitamos tocar temas complicados, evadimos sancionar, los castigos raramente llegan al final y nuestra consecuencia frente a las reglas deja mucho que desear.

Nos hemos ido retirando del frente y hemos ido desconociendo lo que implica ser autoridad para nuestros hijos. Se nos olvidó que como padres la función primordial es educar a nuestros hijos. Puedo y debo ser cálida, pero mi primera responsabilidad es preparar a mis hijos para la vida y para una vida que va a ser más difícil que la que me tocó enfrentar a mí, porque es más desordenada y porque a ellos les toca incorporar más rápidamente y muchos más elementos que los que tuvo mi generación.

Esta generación de jóvenes maneja todo excepto la propia vida, busca todo afuera. Si no les hacemos la vida difícil, la propia y misma vida les enseñará lo difícil que es y, si no hay aprendizajes previos, con seguridad el costo será mucho más alto. Pensemos que ellos a los dieciséis años tienen que haber tomado una serie de decisiones muy complejas, como si van a fumar o no, si van a probar la marihuana o no, si van a tener o no relaciones sexuales, etcétera. Para poder tomar estas y otras decisiones deben haber escuchado muchas veces un "no" de sus padres; de otro modo, cómo podrían decir que "no" a algo. Recuerdo a un adolescente de secundaria que me dijo que por qué tenía que decir que no a la marihuana si nunca le habían dicho "no" a nada y, si le decían que no, él hacía que ese "no" se transformara en un "sí". Ésta es la realidad en que viven nuestros hijos: para que un niño pueda decir "no" a algo debe haber escuchado muchos "no" en su infancia. Sólo así habrá aprendido que hay cosas que se hacen y otras que no, hay cosas que son buenas y otras que no, pero estas pautas las tienen que obtener de los adultos cercanos y significativos.

A partir de la realidad que he vivido, con la que he trabajado y he compartido con los adolescentes, surge la pregunta sobre qué y cómo hacer para darle el "temple" que hoy le falta a esta generación. A modo de respuesta propongo esto que he llamado los "tres pilares de la educación":

- Responsabilidad.
- Educación de la libertad.
- Educación de la fuerza de voluntad.

La responsabilidad consiste en la entrega de tareas de vida —y no sólo académicas— que les permitan poco a poco sentirse aptos para enfrentarla. Luego viene la libertad, ya que nadie puede ser libre si no es responsable primero; es fundamental entregar un concepto de libertad adecuado, ya que estos jóvenes —y, por qué no decirlo, la mayoría de los adultos también— tienen un concepto de libertad basado en "hacer lo que yo quiero", y la libertad no es eso, es "hacer lo que tiene sentido para mi proyecto de vida". Para poder ejercer esta libertad necesito del tercer pilar, que es la educación en la fuerza de voluntad.

Para poder formar estos tres pilares se necesitan ciertas condiciones que les den consistencia y fuerza, como lo será el ser coherente dentro de las pautas de educación frente a los niños. Esto implica no desautorizarse entre los adultos significativos de los niños, mantener los castigos hasta el final y no cambiar los puntos de vista. La educación de la fuerza de voluntad se logra no facilitándoles todo, sino "haciéndoles más difícil" la vida; que los premios sean eso: recompensas que se dan frente al buen comportamiento y el conocimiento de que en la vida las cosas cuesta ganárselas.

Lo visto hasta aquí sobre los jóvenes y los adolescentes actuales nos permite analizar qué pasa con lo masculino y lo femenino en este grupo de edad.

Al inicio de este libro, los previne sobre la forma en que las generaciones adultas —en especial las mujeres— les estábamos diciendo a las generaciones jóvenes que ser mujer "es un martirio" y, por lo tanto, les empezamos a transmitir, aunque sea inconscientemente, que tenían que ser lo más hombres posible, y eso es lo que están haciendo. La realidad es que, en su mayoría, nuestras mujeres jóvenes y adolescentes se han *masculinizado*.

Hoy en día es cada vez más frecuente oír a los hombres en el consultorio manifestar sus deseos de tener un hijo y ver a niños llorando en el patio de los colegios y a las niñas burlándose de ellos. La agresividad de las mujeres ha aumentado notablemente y digamos que, de acuerdo con nuestro planteamiento inicial, se han hecho expertas en "soltar", y son los hombres jóvenes los que están "reteniendo". Esto no tendría nada de malo si la situación fuera flexible, pero lo que ha ido ocurriendo es que estas mujeres no tienen en su repertorio conductual elementos femeninos, se sienten seguras siendo agresivas, valorando lo práctico y no los elementos emocionales, reafirmando su individualismo y siendo egoístas, cayendo en lo que muchas de ellas denominaron como un "vacío" gigante. Tienen todo lo que los hombres poseen y, sin embargo, no se sienten, en su fuero más interno, felices con lo que son. Las adolescentes están tomando más alcohol que los hombres, fuman más que ellos, maldicen a la par y tienen conductas de agresividad que son comparables a las de las pandillas masculinas.

Si yo hubiera visto o la experiencia me hubiera demostrado que el ser como son las niñas de hoy en día las hace más felices y las tiene con el alma en paz, de verdad hubiera tomado todo lo que observé como parte de la "evolución de los tiempos"; pero noté que la mayoría que ha caído en este juego se siente vacía y "atrapada" porque —dicho por ellas— la otra alternativa es parecerse a su mamá o a su abuelita, mujeres a las que siempre vieron quejarse frente a lo masculino y nunca hacer nada por ellas mismas. Así las cosas, pareciera que están "obligadas a ser agresivas"; sólo así podrán garantizar su individualidad mal entendida y mantener una autoestima basada en el "orgullo", además de fomentar la educación del ego y no de la humildad como valor.

Les contaré una experiencia con mi hija de once años, quien un día llegó contándome con mucha angustia que le habían dicho "femenina" en el colegio. Ustedes podrán comprender mi asombro al visualizar que el contenido del mensaje —por lo menos para mí— era muy positivo, pero su carita de terror no concordaba para nada con todo lo bueno que veía yo en un comentario como ése. Mayor aún fue mi sorpresa cuando ella me explicó que eso era un insulto y que significaba lo mismo que "tonta" o "aburrida".

Lo más insólito de esto era que los comentarios de esta índole eran dichos por otras niñas y no por los varones del salón. Este episodio me dejó reflexionando por varios días, hasta descubrir con vergüenza que difícilmente podremos pedirles a nuestras niñas que se enorgullezcan de su condición de mujeres si las adultas encontramos disminuidas a las "amas de casa", si hacemos comentarios negativos sobre las mujeres que bordan, tejen o cocinan, a no ser que eso que hacen implique alguna ganancia económica; vale decir, otra vez el logro masculino.

Entendí lo que le había pasado a mi hija y lo que le sigue pasando cada vez que se va a poner algo rosado, cada vez que viste falda o que se descubre con comportamientos que —por lo menos en la forma— ejemplifican lo femenino. Es complicado sentirse orgullosa de contar con las mismas características que el mundo adulto muestra como un mundo femenino sufriente, y así es muy difícil convencerla de la maravilla de ser mujer.

Cuando uno habla con mamás de otras niñas se encuentra con que manifiestan que les está siendo complejo manejar a estas criaturas y que "no son como eran ellas cuando chicas". Si comenzamos por dejar de lado el pensamiento mágico que todas las mujeres tenemos frente a lo que debe ser una hija hoy en día, nuestra imagen de niñita de cuento no corresponde para nada con las niñas de carácter fuerte que nos toca educar. Lo contradictorio es que la mayoría de las veces esto nos gusta, porque nuestro inconsciente se gratifica al ver a nuestras hijas haciendo cosas que nosotras no pudimos hacer; pero al mismo tiempo se trata de una amenaza a la relación, y la única manera de salir de este conflicto es que las mamás saquemos nuestra parte más femenina para poder dulcificar la parte masculina que ellas nos muestran con tanta intensidad. La idea es algo así como "amansarlas" para después empezar a conversar y poner los límites que la educación requiere, sin arriesgar el vínculo ni la relación afectiva.

Como se darán cuenta, éste es —desde sus raíces— un tema absolutamente femenino y traspasa las generaciones. Algo parecido estaría sucediendo con los trastornos de alimentación, respecto de los cuales se ha descubierto que es un tema de mujeres y de competencia entre ellas, también producto de esta masculinización que las hace no querer crecer y no querer tener cuerpo de mujer, todo esto con el fin de no tener comportamientos eróticos y no asumir su condición sexual de mujer. Si reforzamos el panorama con el ingrediente que suma la invasión erótica a la que estamos expuestos adultos, jóvenes y niños, que nos ha llevado a una erotización del cuerpo, los afectos y el amor en general, los desafíos que tenemos por delante no resultan muy alentadores; sin embargo, podemos y debemos recurrir a los hombres, quienes en estos procesos suelen ser de gran ayuda, pues formalizan, concretan y llevan a lo práctico todas las fases de estos problemas, centrándose en las soluciones de los eventos y no en el drama que éstos llevan implícito.

En lo que se refiere a los tres pilares mencionados y de acuerdo con la investigación realizada, puedo asegurar que también existen jóvenes que se conducen bastante bien en su formación, que no temen mostrar aspectos masculinos y femeninos en equilibrio.

Todos estos adolescentes cuentan con varias características en común:

- Pertenecen a alguna entidad que les enseña a usar de forma eficiente su tiempo.
- Forman parte de sistemas familiares con reglas claras y afecto expresado.
- Tienen valores de tipo religioso o espiritual.
- Practican algún tipo de ayuda social o comunitaria.
- Tienen responsabilidades dentro de sus casas.
- Tienen acceso restringido al ejercicio de la libertad adolescente.
- Tienen mucho afecto a su alrededor y se les permite equivocarse.
- Se les inculca la idea de cumplir con su "palabra hasta el final".
- Pueden realizar actividades de su género y del otro sin ser ridiculizados ni sancionados.

Capítulo II

Masculinización adolescente y otros temas

Masculinización y homosexualidad

Es de suma relevancia tocar este tema en estos momentos: el aumento del lesbianismo entre las adolescentes se relaciona total y absolutamente con el problema de la masculinización de las mujeres.

Llama profundamente la atención el que, en el consultorio, aumenta día a día el número de niñas que se autoproclaman homosexuales o bisexuales con una facilidad enorme, como si esta orientación se la pudieran poner o quitar cuando ellas quisieran; lo mismo pasa, pero en mucha menor escala, con los hombres. Al tratar de descubrir las causas de este fenómeno social me encontré con dos variables que resultaban evidentes, varias de ellas de carácter macrosocial y que podrían explicar esta efervescencia.

Una de ellas tiene que ver con el fenómeno de erotización social al que no sólo estamos expuestos, sino que podemos llegar a decir, incluso, que se trata de un fenómeno en el que estamos inmersos. Ya he mencionado en páginas anteriores cómo es que el amor se ha erotizado, y tal

es la magnitud de esto que hay adultos que confiesan que
ya no se atreven a acariciar a un niño en un supermercado
porque temen que la evaluación social pueda cuestionar-
los, aspecto que, por supuesto, no ocurría hace diez o cinco años. Otro hombre adulto y casado me comentaba hace
poco tiempo atrás que se sentía verdaderamente agredido
todos los días por el tema sexual, ya que la sociedad esti-
mulaba sus hormonas sin que él lo eligiera; sin ir más lejos,
hasta en el supermercado los estímulos para que compre-
mos cualquier producto son de esta índole.

Éstos son sólo algunos ejemplos que demuestran el
impacto cotidiano que alcanza el fenómeno de la erotización y nos afecta a todos de una u otra forma. Cuando en
una sociedad se viven fenómenos como éstos se empieza,
con mayor frecuencia, a asumir una orientación sexual de
manera precipitada.

Si en mi generación yo me abrazaba con una amiga
en el patio del colegio o le tomaba la mano para ir hacia la
sala, ninguna de mis compañeras habría utilizado el rótu-
lo de "lesbiana" para definir mi conducta, simplemente no
estaba en nuestro vocabulario ni en el de la mayoría de las
adolescentes de mi generación ni de las anteriores. Las mujeres podíamos libremente ser cariñosas entre nosotras sin
que esto implicara en absoluto alguna alteración en nuestra orientación sexual.

He aquí una de las tergiversaciones mayores con respecto al tema de la sexualidad, como es la existencia o no de
la posibilidad de elección respecto a la homo o la bisexuali-
dad. Según mi experiencia y de acuerdo con estudios en el
tema, la homosexualidad es una orientación, no una elec-

ción. Puedo elegir, en cambio, si voy a practicar mi homosexualidad o no, pero dicha orientación es innata, viene dada.

Al ser una orientación, y no una elección, requiere un proceso para asumirse, y en Chile, dado lo que indica la experiencia, se trataría de una orientación que se asume en la mayoría de los casos después de los veinte años; por lo tanto, ningún adolescente debería asumirse como homosexual con absoluta y plena seguridad, puesto que no ha adquirido la madurez emocional que le permita vivir de buena forma esta realidad y que —a diferencia de los jóvenes heterosexuales—requiere una mayor convicción y fuerza interna, pues deberá enfrentar la resistencia social.

Para explicar el que más adolescentes se estén asumiendo como lesbianas en nuestra sociedad tiene que ver con una de las características femeninas por excelencia: la externalización de la felicidad. Veamos un caso real. Cuando las adolescentes de mi generación íbamos a una fiesta o discoteca a bailar teníamos que esperar a que, en primer lugar, nos invitaran o nos "sacaran" a bailar. Llegado el caso, cada una de nosotras bailaba con un adolescente hombre. Yo bailaba con Pedrito y todo lo que le pasaba a mi cuerpo mientras estaba con él —producto de este fenómeno de externalización— era responsabilidad de "Pedrito": la taquicardia, el ponerme colorada, etcétera. Nadie nos enseñó ni enseña que ésas eran reacciones normales producto del baile, de la sensación de libertad y también de las hormonas que se estaban desarrollando, y nosotras asumíamos que esto ocurría y que el fenómeno en cuestión obedecía única y exclusivamente a que Pedrito nos gustaba. Hoy, las adolescentes mujeres siguen siendo mujeres y, por lo tanto,

el fenómeno —que yo he llamado de "externalización"—
sigue operando en ellas, con la diferencia de que hoy bailan la mayoría de las veces solas o entre mujeres, y sucede
que el proceso de erotización lo viven entre ellas, ya no es
Pedrito, es Carolina; entonces me quedo con la idea de que
las sensaciones de mi cuerpo me las produjo ella y, a partir de un par de experiencias como éstas, es bastante fácil
decir —en los casos en que hay cierta inseguridad natural
sobre la definición sexual— que "ella me gusta".

La experiencia clínica y esta misma investigación me
han permitido observar que una adolescente puede vivir
una experiencia lésbica y, posteriormente, continuar con
su vida heterosexual, incorporando su vivencia dentro de
todos los acontecimientos de su vida. En cambio, cuando
un hombre vive una experiencia homosexual —y, quizá,
producto de la pulsión biológica que precede al acto sexual masculino— es muy difícil que haya vuelta atrás en
este camino y, por lo mismo, pareciera que ellos se expo-
nen mucho menos y no incurren fácilmente en probar si
les gusta o no.

En el desarrollo de lo masculino este cambio femenino
—dado principalmente por la libertad y autonomía de las
mujeres para, por ejemplo, bailar solas o entre ellas— tiene
consecuencias que llevan a la desorientación. Por ejemplo,
están confundidos, pues hoy en día ninguna de las habilidades de conquista que utilizaron sus padres y que ellos, a su
vez, aprendieron de sus padres les sirven, pues ellas salen
solas, de modo que no las puedan ir a buscar; ellas regresan
por sus propios medios a sus casas, bailan solas y la mayoría de las veces son ellas las que comienzan la seducción,

no quedándoles a ellos otra posibilidad más que la de "arremeter" con gran personalidad, y esta gran personalidad es manejada preferentemente como agresividad.

Los adolescentes suelen manifestar que frente a las chicas tienen dos alternativas de respuesta: o tomarse unos tragos para que no les importe el rechazo o ser agresivos para lograr su objetivo de conquista. Y es que como ellas tienen un comportamiento agresivo "innato", pero necesitan sentirse protegidas, entonces no queda otra que ser más agresivos que ellas y la espiral lleva a que no falten los casos en que se vivan situaciones de violencia grave, pero que no alcanzan a ser registradas por las estadísticas.

Masculinización y trastornos de alimentación

La anorexia, la bulimia y la obesidad son consideradas en la actualidad los trastornos de alimentación más importantes. Cuando comenzaron a aparecer como cuadros clínicos, a principios de los setenta, se presentaban en adolescentes con ciertas características muy precisas, entre las que figuraba con más alta preeminencia el querer ser flacas para conquistar a los hombres que tenían a su alrededor.

Así, la anorexia se manifestaba en niñas de doce a dieciocho años, quienes, además, eran calificadas como "buenas niñas" y no daban problemas a sus padres hasta que presentaban este trastorno. Niñas autoexigentes en exceso, perfeccionistas, con valores rígidos, inhibidas para expresar sus sentimientos y con una tendencia a controlarlo todo, incluido su cuerpo.

La bulimia, en cambio, se presentaba en niñas universitarias a las que les llegaba "el dato" por otras mujeres que "podían comer todo lo que quisieran y después eliminar la comida con vómitos o laxantes y, por lo tanto, no engordar". En estos casos predominaba la tendencia al control, pero faltaba la fuerza de voluntad para mantenerla.

En la obesidad, por último, tanto ayer como hoy, la falta de control es absoluta y todas las características se suman a cierta rebeldía a los cánones de belleza implantados en el sistema.

Estos tres cuadros han variado con el tiempo y hoy se presentan, sobre todo la anorexia y la bulimia, como cuadros fásicos, esto es, que las personas pasan por una fase anoréxica y luego por una bulímica; probablemente, la bulimia se manifiesta debido a un problema con la fuerza de voluntad, tan escasa en esta generación.

La raíz de estos cuadros en los tiempos que corren, y desde la mirada de lo masculino y lo femenino, nos pone frente a un "tema de mujeres" —mujeres masculinizadas—, pues tendría mucho que ver con una competencia "intrafemenina" y con una especie de envidia dentro del género. Es decir, estos trastornos ya no sólo estarían dados por el deseo de atraer a los hombres, sino más bien por el deseo de ganar o estar mejor entre las propias mujeres.

Las madres de estas adolescentes —hoy se puede observar el fenómeno incluso en niñas desde los siete años— en su gran mayoría tienen problemas con la comida, porque comen mucho (obesidad), porque no quieren comer nada (anorexia) o porque vomitan lo que comen puesto que conocen el "dato" (bulimia). En las casas de estas niñas la comida es un tema de extrema relevancia, se habla de las dietas, de lo que se come y no se come, se relacionan en torno a la belleza femenina, el peso y la sexualidad encubierta. Las relaciones madre-hija están marcadas por la competencia, la envidia inconsciente frente a la belleza de cada una y la tendencia a enseñar el control desmedido de la existencia.

En la actualidad, las jóvenes, mujeres o niñas que presentan estos cuadros transmiten indirectamente o confiesan que no quieren crecer, no quieren tener cuerpo de mujer, no quieren erotizar ni ser erotizadas, temen enfrentarse a sus curvas y a su propio desarrollo. No quieren excitar ni que las exciten, por lo tanto, quieren ser "planas", o sea, no tener busto. Y, más todavía, de acuerdo con lo descubierto en la investigación, esto ni siquiera tiene que ver con el busto, sino que principalmente se restringe a las caderas. A eso le he llamado el "ángulo anoréxico" y comprende la zona que abarca las caderas y la parte baja del abdomen. Como el desarrollo y/o engrosamiento de esta zona ellas no lo pueden atribuir al crecimiento ni al cambio hormonal, culpan a la gordura y el ideal será ser "rectas", sin curvas de ninguna especie, para lo cual dejan de alimentarse al extremo de bloquear el crecimiento y las hormonas, llegando a la "amenorrea" o ausencia de menstruación, símbolo perfecto de no querer crecer.

Estos cuadros son el ejemplo más dramático de la negación del ser mujer y de la influencia ineludible y nefasta que surge de la forma en que nosotras mismas valoramos lo femenino; tanto es así que quienes mejor ayuda prestan en estas terapias son los hombres, pues lo hacen colocando el juicio de realidad al concepto de belleza y a la tendencia autodestructiva presente en estos cuadros.

Una consecuencia, quizá la más importante, para la vida adulta de estas adolescentes anoréxicas y bulímicas es su alta probabilidad de infertilidad. Simbólicamente, pareciera que al momento de querer concebir un hijo, la naturaleza femenina cobrara las conductas de autoagresión ejercidas en la edad de la adolescencia o juventud. Además, las mujeres adultas que en su adolescencia presentaron algún trastorno de alimentación, pierden —y no siempre recuperan— la capacidad de disfrutar de casi todo: la comida, la sexualidad y cualquier placer que les genere visualizarse como mujeres gozadoras. La maternidad incluso es vista más como una exigencia ansiosa y no como una aventura maravillosa que pasa por nuestros cuerpos.

Por una parte, las mujeres nos hemos ido masculinizando y hemos adoptado estos cuerpos sin formas, pero no necesariamente la masculinización viene dada por la falta de formas, más bien se trataría de buscar el ser asexuadas. La masculinización, en cambio, estaría dada principalmente por la competencia, cifrada en el logro exacerbado por ser las mejores y las únicas, a lo que se sumarían las tendencias de logro y control exagerado más propias de lo masculino que de lo femenino. Los cuerpos sin forma serían una negación del ser femenino. Pienso que la masculinización está más bien dada por los medios y no por el fin, pues la búsqueda se orienta sobre todo hacia el cuerpo asexuado. Por una parte, las mujeres nos hemos ido masculinizando al punto de nulificarnos al negar nuestros cuerpos, hasta dejarlos sin formas. Por otra parte, existe en la actualidad una sobrevaloración de la silicona como forma de recuperar, ganar o mejorar las formas. Pero esto nada tiene que ver, lamentablemente, con la valoración de lo femenino y de sus máximas representantes, las mujeres, sino que se trata más bien de un fenómeno que no hace más que exacerbar lo externo; se trata —en la mayoría de los casos— de una alternativa fundada principalmente en la frivolidad que, como decía, nada tiene que ver con la valoración de lo más profundo de la mujer, de su condición de dadora o portadora de vida, cuyos órganos y su cuerpo son, principalmente, un vehículo de amor y de sabiduría. La alternativa de la silicona estaría más cerca de convertirnos en objetos de mero goce estético y sexual, a través del cual, por supuesto, se sobrevalora la juventud versus la experiencia.

Pero como estos procesos son de ida y vuelta, a la presencia de la masculinización femenina es posible sumar el aumento, día a día, de una especie de afeminamiento de lo masculino —que resultaría, por una parte, como una suerte de "contagio conductual", algo así como si ellas pueden, nosotros también y, al mismo tiempo, tendría que ser asimilable al no querer ser, al negarse a sí mismo— y no deja de alarmar el alto porcentaje de hombres y niños con anorexia, preocupados hasta la exageración por su estética y exacerbando más allá de los límites recomendables las tendencias al control.

Todo esto debería llevarnos a hacer una revisión exhaustiva de la o las formas en que funcionamos en nuestras propias casas con respecto a la comida, la cual, si bien está fuertemente asociada a una de las máximas fuentes de expresión de amor, puede transformarse en una peligrosa forma de manejar el poder de las mujeres —y no precisamente el poder femenino, que produciría todo lo contrario—, ya que el mensaje que hijas e hijos podrían estar transmitiendo a través de conductas como éstas a su madre es que es mejor estar muerta o muerto que ingerir lo que ella cocina o compra.

La realidad tan dura que he descrito es una razón más para revisar el valor que hombres y mujeres asignamos a lo femenino. Debemos examinar de qué manera las mujeres renegamos de nosotras mismas desde que somos pequeñas, tanto así que podemos llegar incluso a odiar nuestro cuerpo, a negar sus capacidades para transmitir amor o a verlo como un mero objeto sexual.

Masculinización y agresividad

Cada vez que hemos transmitido, consciente o inconscientemente, a nuestras hijas o a las integrantes de las generaciones que nos siguen que "ser mujer es un martirio" y que "deberían ser lo más hombres posible", tenemos que reconocer que nos han hecho demasiado caso.

En Chile, las adolescentes y mujeres jóvenes experimentan un gran malentendido entre lo que es tener un carácter fuerte y la agresividad, puesto que si bien lo primero puede ser motivo de orgullo, no debe ser confundido con actuar con agresividad, elemento que está presente con frecuencia hoy en día. Por otra parte, la dulzura y la ternura, perfectamente posibles en un carácter fuerte, no son vistas como virtudes; al contrario, estas dos características

representarían a una generación que se sintió sumisa e ig-
norada, se piensa, erróneamente, por falta de fuerza. De
esta manera, para que a la nueva generación no le pase lo
mismo, debemos enseñarles a tener más carácter y a defender sus derechos. Sin embargo, olvidamos en alguna
parte del camino los términos medios y que una persona
con buena autoestima (concepto que ha sido tan manosea-
do) es, ante todo, humilde y cálida, precisamente porque
nada tiene que perder.

Estamos ante generaciones de adolescentes y jóvenes
que pareciera que se han propuesto definir su identidad
desde el orgullo y no desde los valores más profundos; están más preocupados por defender una posición que por
ser ellos mismos, no pueden mostrar muchos sentimientos
porque eso es ser débil y cultivan —ante nuestros ojos—
una falsa noción de respeto que les indica que tienen que
responder a todas las agresiones para hacerse valer.

Recordemos aquí el caso que les conté sobre los adolescentes varones que decían que para proteger y conquistar a una niña tenían que desarrollar una agresividad que
no tenían; sólo así, por un lado, no les importaba el rechazo de estas niñas a las que parecía no importarles nada, o
tenían que ser cuatro veces más agresivos para que ellas
se sintieran protegidas, ya que como ellas siguen siendo
mujeres, necesitan igual que un hombre las proteja. Esto
último les exigía, por lo tanto, ser "más brutos" que ellas
y así por lo menos, desde la agresividad, contenerlas. Los
adultos podemos ver con claridad que de esta manera estos jóvenes se están exponiendo a un juego peligroso, pues
los lleva —como parejas— a manejarse con niveles de

violencia muy altos, donde la "igualdad" mal entendida puede provocar daños irreparables.

A propósito del tema de la violencia aprovecho para hacer hincapié en la existencia de códigos de violencia que están siendo validados cotidianamente por los adultos en las familias actuales, ejemplo de esto son los gritos dentro de las casas, con la agotadora sensación de que no nos hacen caso.

Un niño brillante, Benjamín, me mostró que la razón por la cual gritamos más en nuestras casas es porque no nos movemos, tratamos de dirigir las vidas de todos "a control remoto"; todas o gran parte de las instrucciones las damos a distancia, con lo cual el nivel de tensión familiar aumenta y, además, genera que nuestros niños no nos hagan caso de inmediato, pues ¿para qué van a obedecer de inmediato si saben que nosotros les vamos a repetir las cosas tres o cuatro veces? Como me decía Benjamín, para qué voy a apagar la tele a la primera si sé que tengo cuatro "¡apaga la tele!" más, tengo diez minutos de tele gratis. Ésa es la astucia de los niños y un estupendo ejemplo de nuestra inconsecuencia y de cómo vamos generando violencia sin siquiera darnos cuenta.

La violencia, al igual que la erotización, nos acompaña todo el día; depende de nosotros entender que todos formamos parte de esta red y que sólo en la medida en que nos encontremos con nosotros mismos, con nuestra identidad más profunda —tanto femenina como masculina— estaremos más en paz y haremos una sociedad de paz, pues todo comienza desde dentro.

Antes de terminar este capítulo no puedo dejar de hacer mención a una forma muy especial de violencia que, lamentablemente, también forma parte de la lista de nuevas conductas de autoagresión que están teniendo muchas niñas y adolescentes; me refiero a los cortes que se autoinfligen en diferentes partes del cuerpo con el fin de eliminar sus angustias.

Se cortan con un cuchillo o navaja brazos, piernas y abdomen, y expresan que esto les permite tener la sensación de un gran alivio. A mis preguntas sobre por qué lo hacen, qué las induce a hacerse daño y, más encima, reportarlo como algo reconfortante, la respuesta que dan en forma unánime es que se cortan como una forma de disminuir su ansiedad.

Se infieren cortes a modo de ansiolítico, sienten que tienen tanta angustia dentro y tanta rabia —hemos visto que se trata de angustias y rabias antinaturales— que quieren llorar y no pueden, por lo que cuando hacen el corte y ven cómo sale la sangre, es como si a través de ella se fueran las angustias y la rabia disminuyera. Entonces se quedan con una sensación, dicen, de cansancio gigante, sensación que por lo general las hace dormir.

Una forma de explicar estas conductas podría ser la que he venido proponiendo en este libro: hacerlo a través o bajo la mirada de la masculinización. Así pues, tenemos que las adolescentes han dejado de expresar sus sentimientos y están funcionando en sus vidas cotidianas como lo hacen los hombres. Por ejemplo, ante la pregunta sobre qué les pasa, ahora ellas —al igual que ellos— responden "nada". Esto las lleva a hacer algo que va en contra de su propia naturaleza, como es el que guarden lo que sienten. Sumemos a esta nueva forma de actuar frente a los sentimientos que el hecho de entristecerse es castigado y visto como un signo de ridiculez. Las niñas de ahora se están habituando a la rabia y a no entristecerse ni llorar; para colmo, no saben cómo deshacerse o eliminar la rabia, como sí lo saben hacer los hombres, acostumbrados por generaciones a batirse con ella mucho más que con la pena: ellos la eliminan a través de la costumbre de expresarla verbalmente —lo que además es valorado socialmente— y también contribuyen a su eliminación las prácticas deportivas o de mayor riesgo que les permite botar la adrenalina contenida.

Una suma de factores hace que ellas encapsulen sus emociones y, como ya he postulado, eso no estaría en la naturaleza femenina. Si esto le sucede a alguna de las niñas que confiesa haberse inferido cortes, dirá que aquello que la entristece o la enoja le "duele" a tal punto que necesita a cualquier costo "sacar" aquello del cuerpo, y el corte parece ser una muy buena solución. En los tratamientos que he tenido ocasión de realizar con niñas que presentan cuadros de agresión como éste, ha dado excelentes resultados todo lo que hemos hecho con el fin de ponerlas en contacto nuevamente con su esencia femenina, de que expresen sus sentimientos, de que valoren y recuperen la magia de la conversación, pues resulta ser una excelente instancia de liberación emocional y un medio muy afín a lo femenino.

Masculinización y sexualidad

La edad de inicio sexual es un tema que nos preocupa a todos los adultos y en especial a los que somos padres. Así es como somos capaces de preguntar y preguntarnos todo lo imaginable con respecto al tema: ¿cuándo será oportuno hablar de sexo?, ¿cómo tratar el tema?, ¿si hablo del tema estaré incentivando a mi hijo o hija?, ¿si no le hablo del tema es probable que se equivoque?, ¿qué será lo mejor: hablarle o no hablarle?, ¿le pregunto si quiere hablar del tema o no le pregunto?, y como ¡ayyyy! son tantas las dudas, decidimos la peor opción: no hacer nada ¡ni decir nada!

Para nadie es un misterio que hoy la sexualidad y la genitalidad, en términos estrictos, se inicia antes de lo que ocurría en nuestra generación y la forma de iniciación también es distinta. Hoy, los adolescentes se inician sexualmente, según señalan los estudios más actualizados, antes de cumplir los seis meses de noviazgo o de "tener un amigo con derechos", título que los adolescentes han inventado para no asumir el pavor que les da comprometerse. Por lo tanto, después de ese plazo los adultos deberíamos comenzar a preocuparnos y a observar lo más cerca posible a nuestros hijos.

En lo que respecta a la iniciación sexual, hoy nuestros niños siguen pautas que quisiera compartir con ustedes, pues sólo podremos educar en la medida en que las conozcamos.

El comienzo de la genitalidad parte durante la pubertad en el hombre —en términos generales— con la primera eyaculación nocturna y la masturbación y, en el caso femenino, con la menarquia y su respectivo cambio corporal. Como el tema de este libro no es exclusivamente el de la sexualidad, no me referiré a los cambios físicos y psicológicos de este periodo. Pero sí me interesa mostrarles que la masturbación, hoy en día, es un tema de ambos sexos y aclarar que en sí misma no representa una alteración, pero que, claro, puede fácilmente —debido a ciertos cuadros de angustia— transformarse en adicción o en la alternativa para autogratificar inseguridades y miedos. Desde ahí puede tornarse peligrosa porque estaría enmascarando algún problema relacionado con las habilidades sociales y afectivas.

Lo sexual visto desde los roles femeninos y masculinos se muestra como un ámbito en el que la forma de desempeñar dichos roles tiene que ver con una especie de traspaso o intercambio: las mujeres estarían actuando como los hombres de antaño, y los hombres como las mujeres. Son ellas las que seducen y conquistan explícitamente y los hombres, sin patrones ni modelos, parece que no saben cómo actuar, pues se trata de mujeres que exigen, presionan y se adelantan. Incluso este cambio de roles, aseguran, podría explicar el aumento de disfunciones sexuales —impotencia y eyaculación precoz— en adolescentes y jóvenes. Este intercambio de roles pareciera estar afectando negativamente la "fuerza" o "potencia" de los hombres.

La pornografía hace "mal" —así, entre comillas— no porque muestre contenidos "asquerosos", sino debido a que entrega información y definiciones sexuales que son falsas, genera expectativas que nunca van a poder ser satisfechas y que, por lo mismo, se verán frustradas. Entrega códigos de tamaños, ruidos y formas que no son reales y que al verlas un adolescente se formará una idea de la sexualidad basada sólo en la genitalidad, donde el amor no está presente y donde el tema del rendimiento es lo más importante, es decir, el acto sexual está centrado en el logro y no en el proceso, objetivo masculino pero no femenino.

Con el chat ocurre más o menos lo mismo, ya que las mujeres interpretan el mensaje escrito como si se los estuvieran diciendo, con lo cual todo lo que ahí se dice parece "magia". Se pierde, además, la maravillosa posibilidad de exigirnos escribir correctamente, y también se debilita la verdadera capacidad para discriminar lo que es verdadero y lo que es falso.

La edad de inicio sexual hoy día en Chile para ambos sexos es alrededor de los quince años y ésta puede darse dentro de una relación de pareja, noviazgo o "andando". El motivo de la iniciación, aunque parezca increíble —siempre de acuerdo con lo observado en mi investigación y teniendo en cuenta las estadísticas nacionales—, sigue siendo la famosa "prueba de amor" solicitada por el hombre. Es que las mujeres siguen teniendo este afán de sentirse necesitadas y de centrarse en los otros y no en ellas mismas. No olvidemos que para la mayoría de nosotras la definición de amar tiene que ver con decir que sí, pues si digo que no, entonces no amo lo suficiente.

Como en la juventud se ama con una intensidad que parece real y profunda, si me piden algo y yo amo, entonces tengo que entregarlo. En este punto es central tener en cuenta y transmitir a los adolescentes que a los catorce años se puede querer mucho a alguien, pero no es posible sentir amor, pues el AMOR —con mayúsculas— se construye con decisión de amar y con la voluntad de querer estar con el otro para siempre. A los catorce suelen sentir en la mañana que les gusta uno; en la tarde, otro; y mañana, dos;

esto incluso se debe a los cambios hormonales que se experimentan a esa edad y que entregan variabilidad en su comportamiento.

Nuestros hijos, los niños y adolescentes en general, se quedan más y mejor con lo que hacemos los adultos y no —como nos gustaría— con lo que decimos, por lo que todo implica educar la sexualidad, desde decir que tal mujer vestida así parece "puta", hasta el comentario de que tal hombre es "bombón". Estos y todos nuestros comentarios se transforman en pautas de lo que se espera de mujeres y hombres en el siglo XXI. Para educar a los niños y adolescentes en una sexualidad sana debemos revisar nuestras propias heridas en relación con el tema y lo que hemos querido o hemos transmitido inconscientemente desde el tiempo de "los niños no lloran" hasta ahora, cuando "llorar es humillarse", y preguntarnos si hemos cambiado tanto o no.

En mi generación y en las generaciones anteriores, debido a la estructura del funcionamiento social, mis padres conocían a los padres de mis amigos, por lo tanto, estaban o creían estar al tanto de todo lo relacionado con ellos. Tenían más claro dónde y con quién andábamos, a pesar de no existir los mails ni los celulares. Hoy, en cambio, tenemos miles de competidores en la educación de nuestros hijos e internet se ha metido tanto en nuestros hogares que la mayor parte de lo que los niños saben sobre sexualidad es por este medio. Por esta razón, les recuerdo lo mencionado sobre el valor de lo visual para los hombres y de lo auditivo para las mujeres, e insisto en que dadas estas características es más habitual que los niños se transformen en adictos a la pornografía y las niñas al chat.

Será de suma importancia que tomen en cuenta la siguiente recomendación: las computadoras deben estar ubicadas en espacios abiertos de las casas y no en los dormitorios de los niños, como también sería muy adecuado controlar que los niños no estén expuestos a ellas más de una hora y media al día.

Justo después de revisar nuestras historias y nuestros miedos podremos ver y conocer mejor a nuestros niños; sólo a partir de ese momento podremos saber qué y cómo piensan con respecto a temas como la iniciación sexual, el aborto, las relaciones sexuales y otros asuntos vinculados. Ahora, cuidado, una advertencia: cuando pregunto tengo que estar dispuesta a escuchar cosas que puede que no me gusten y que discrepen con lo que yo quise educar. En estos casos lo mejor es callar y esperar otra oportunidad para empezar a formar hacia donde yo creo que es correcto hacerlo. Esto nos asegura mejores resultados, pues se estará partiendo de una base real y no de lo que yo creo que ellos saben, camino que —hemos visto— conduce a múltiples equivocaciones.

Por otra parte, tengamos también muy en cuenta que para educar o formar niños y adolescentes es fundamental hacer buenas preguntas antes que dar buenas respuestas. Esto significa que tenemos que suponer que nuestros hijos son algo así como verdaderos extraterrestres y, como tales, no conocemos ni cómo hablan ni sabemos qué piensan acerca de los temas que a nosotros nos preocupan; preguntemos para conocer de boca de ellos cómo y cuánto saben de sexualidad, de drogas y de todos los temas que están sobre el tapete.

Una vez que hayamos hecho buenas preguntas y con información de primera fuente, los adultos no debemos tener ningún temor de explicarles que, por ejemplo, es importante que entiendan que la virginidad es un regalo del que no se puede pedir devolución al remitente y que esa persona, querámoslo o no, formará parte de nuestra historia para siempre, por lo tanto, debemos tener estabilidad, al menos hormonalmente, y eso no ocurre antes de los dieciocho años. Además, si bien nunca la primera relación es realmente gratificante, sigue siendo para los adolescentes —mujeres y hombres— un hito importante en la vida que hay que saber cuidar.

No queda otra que entender y asumir que estamos educando en sexualidad todos los santos días y que cada vez que hacemos un comentario sobre los roles femeninos o masculinos estamos ejerciendo dicha educación; por ende, estos comentarios, nuestras actitudes frente al tema, nuestros temores y habilidades incidirán en la visión que los niños y adolescentes tengan en su futuro como adultos.

La sexualidad es un proceso de aprendizaje que requiere tiempo y exclusividad, que implica ir conociéndose a uno mismo y también al otro. Es la expresión del alma a través del cuerpo y, por lo tanto, para vivirlo en esta dimensión maravillosa hay que —como ya dije— por lo menos tener las hormonas estables y contar con un proyecto de vida que incluya todos los aspectos más profundos del ser humano.

Son cientos los adolescentes arrepentidos por el vértigo en el que están o han estado metidos producto de vivir todo tan rápido. Es tanta la velocidad de lo que sucede que sienten que se van quedando vacíos, pues no alcanzan a incorporar en sus procesos los afectos y las sensaciones más profundas. No hay conciencia de cómo se va creciendo ni de cómo este crecimiento está afectando al espíritu. Si el cuerpo crece en desarmonía con el alma se provoca indefectiblemente una enfermedad o daño psicológico.

No olvidemos aquí que es central que la mujer asuma que el deseo sexual está en ella y no viene desde fuera y, por lo tanto, que si ella no quiere no pasa nada. Que no son los ángeles los que despiertan su sexualidad, sino que ella es parte y responsable del proceso. Pero este hacerse responsable de sí misma no quita el que las mujeres necesiten sentirse cuidadas, protegidas. En el fuero interno de las mujeres lo femenino necesita el complemento de lo masculino y viceversa. Las mujeres en su femineidad necesitan que los hombres asuman su rol como tales y que éste sea, claro, coherente con su masculinidad para poder ser realmente complementarios.

También a las mujeres nos toca comprender que para los hombres —que tienen su vida ordenada en compartimentos— la vida sexual es de suma importancia, ya que es el único momento en el que sienten que están con su mujer, pues el resto del tiempo están con la dueña de casa, con la mamá de sus hijos o con la compañera de vida, pero no con su mujer, con quien están sólo cuando tienen alguna vivencia erotizada o sexual. Por lo tanto, no es que nos quieran sólo "para eso", como dice el lenguaje popular, sino que en esa área nos sienten de ellos. Los hombres deberían entender que para nosotras el "antes" y el "después" son más importantes que el "durante", ya que la valoración del proceso completo —no sólo de lo que concierne a la penetración— adquiere

preponderancia fundamental y, como además somos auditivas, es importante que nos hablen y nos digan que nos quieren a nosotras y no a cualquiera.

En la vida con un hombre yo puedo vivir con él, admi-
nistrar el dinero, criar a los niños, ir al cine, viajar, etcétera,
pero, como dije antes, todo eso puedo hacerlo o se puede
dar con un amigo; lo que me hace experimentar la vivencia
de pareja es tener con esa persona la dimensión de la sexualidad incluida y vivida como tal.

En la medida en que hombres y mujeres nos encontremos con nuestra esencia femenina y masculina vamos
a poder, sin duda alguna, amar más profundamente y de
mejor forma. Nadie da lo que no tiene dentro; por lo tanto, para tener una buena vida sexual es importante tener
una buena vida propia, y no olvidemos que cuando se vive
en pareja es la sexualidad —entiéndase por vida sexual lo
genital, lo erótico y sensual— con esa persona lo que nos
hace sentir que tenemos pareja.

Se dice que las mujeres entregamos sexo para recibir
amor y los hombres entregan amor para recibir sexo; esto
hace que sea muy difícil para una mujer tener intimidad
sexual si no ha tenido intimidad emocional previa, es decir,
un hombre que quiera tener "una buena noche" necesariamente le tiene que "dar un buen día" a su mujer. Esto también lo conocen y experimentan los hombres que tienen su
lado femenino más desarrollado, pues los afectos influyen
directamente en su rendimiento sexual.

En síntesis, la sexualidad es una dimensión humana
que traspasa todas las demás, que requiere su espacio, su
tiempo y su madurez. Se precisa entenderla como una

entrega del alma, como una dimensión que necesariamente está unida al amor para ser vivida en plenitud. Se puede experimentar sin amor, pero la vivencia será distinta y, por lo tanto, menos plena desde el alma. Requiere ser formada desde siempre a partir de todas aquellas actitudes de los adultos que puedan servir de modelo y de ejemplo. Las actitudes más apropiadas y que contribuyen a modelar lo mejor del ser humano son todas aquellas que tienen que ver con "hablar con la verdad y valerse del respeto que el ser humano se merece". La sexualidad se forma adecuadamente en la medida en que es conversada, vivida y compartida con honestidad, con heridas incorporadas y con límites claros. Los adultos deben velar y proteger la integridad e individualidad de sus niños y niñas, manteniendo reglas y convenciones adecuadas para ello.

Masculinización, alcohol y drogas

El alcohol y las drogas constituyen un tema que aterroriza a los adultos, especialmente a los padres. Hablar de esto se ha vuelto tan complicado como hablar de sexualidad y, peor aún, asumimos que nuestros hijos nunca estarán metidos en estos problemas, por lo que arrancamos de la posibilidad siquiera de conversar.

Sin embargo, hablar de este tema es enfrentar otro que, sin lugar a dudas, nos toca a todos, se trata de las dependencias: todos, de una u otra forma, dependemos de algo. La dependencia en sí misma forma parte de nuestras redes sociales y de nuestros lazos afectivos; todos necesitamos depender, pero no nos debemos apegar a esas dependencias, ya que cuando éstas nos quitan libertad nos hacen daño.

Quienes consumen fármacos para despertar o para dormir, toman algún estimulante, fuman o tienen algún hábito del cual no se pueden desprender son, de alguna manera, adictos. Ésta es una de las consecuencias de formar parte de la sociedad occidental que nos enseña a depender de todo, haciéndonos creer que en esa dependencia encontraremos la felicidad.

En la actualidad llama profundamente la atención de los adultos el que no puede haber diversión sin alcohol. Ellos verbalizan que la fiesta estuvo buena en la medida en que no recuerdan nada, en que pierden la conciencia.

Lo que mejor calza aquí es preguntarse y preguntarles: ¿para qué o por qué necesitan tomar?, ¿qué es lo que ellos no pueden decir o no pueden hacer sin alcohol y que este elemento les facilita?

El tema de fondo no es si el alcohol y las drogas matan neuronas o hacen mal, pues todos sabemos que el que está drogado o con alcohol la pasa bien mientras se encuentra en ese estado y no piensa en las consecuencias. El drama viene después, cuando los efectos desaparecen y no recuerdan lo que hicieron o se sienten tan distintos que lo único que quieren es repetir la sensación de libertad que les causa esa falsa realidad.

Todo comienza con el alcohol, es la puerta de entrada de todos los demás problemas sociales —incluida la violencia social que tanto nos asusta— y llama la atención la falta de preocupación frente a un asunto que ya es de salud pública.

El alcohol es, lamentablemente, todavía un signo de masculinidad y de hombría, y como las niñas tienen que hacer "cosas de hombres" toman hoy más que ellos. Alcohol y drogas son hoy una necesidad social y permiten probar personalidad y carácter. El concepto de entretenimiento de los adolescentes deja mucho que desear: no saben usar su tiempo libre y si no están conectados a alguna pantalla todo parece aburrido. Alcohol y drogas aseguran diversión en toda actividad social que ellos realicen. Ello dentro del contexto que implica formar parte de una generación que no quiere ser adulta, que quiere escapar de las responsabilidades que tiene que enfrentar, que prefiere "borrarse" por un rato para no experimentar angustias ni tristezas, pues no saben cómo enfrentarlas porque no nos hemos dado el tiempo para enseñarles.

Alcohol y drogas son la solución ideal, son rápidas en sus efectos y "cambian lo que no me gusta de mí", disfrazan miedos, "me hacen parecer valiente por un rato", "siento que todo a mi alrededor es positivo", y la memoria nos acompaña de la mejor forma, pues en estas condiciones olvidamos todo lo que no nos conviene y nos exime de toda responsabilidad. Pero nos pese o no, inevitablemente llegará el momento de tomar conciencia y contacto con el mundo; entonces, nos tocará encontrarnos igual de tímidos que al principio, igual de temerosos e inseguros con el mundo. De nada sirvió el alcohol, ya que la realidad siempre hay que enfrentarla.

La solución como padres y adultos para no tener que llegar a ver estos problemas dentro de nuestras casas estaría en darles responsabilidades, en decirles que no, en frustrarlos y enseñarles desde pequeños lo que está bien y lo que está mal. Reglas claras es la consigna.

Además, claro, tenemos que preocuparnos por las habilidades sociales de nuestros hijos, desarrollar en ellos la capacidad de decir que no a las presiones sociales, a que se sientan queridos y aprendan a quererse a sí mismos con el fin de que no necesiten "aliñar" su vida social y experimenten, en cambio, la plenitud de su ser estando conscientes de ellos y del mundo.

Hemos transitado por una cantidad considerable de temas individuales y sociales que pueden ser mirados desde la perspectiva de lo femenino y lo masculino. Ojalá esta aproximación permita la reflexión sobre la forma en que los adultos estamos criando a las nuevas generaciones. No hagamos sólo cosas urgentes y poco importantes; pongamos, mejor, nuestra energía al servicio de la educación y mostremos a los que vienen cómo alcanzar la plenitud del alma.

Conclusiones

Me cuesta creer que esta aventura, este viaje, que comenzó hace más de cuatro años, haya llegado a su fin.

He entrado en la vida de muchos de ustedes y ojalá esto haya servido para mostrarles algunas situaciones que les puedan estar quitando espacios de felicidad. Al mismo tiempo, espero que este libro les permita ver posibles caminos para disfrutar más y mejor del maravilloso desafío de vivir.

Hoy parece ser tan difícil vivir, vivir bien; más parece que estuviéramos sobreviviendo sin mucha conciencia de lo que nos pasa, de lo que sentimos y, algo peor, tampoco sabemos hacia dónde vamos.

Nos estamos matando en el intento por satisfacer todo lo que se espera de nosotros. No sabemos qué se espera del ser hombre y del ser mujer, pero no estaría nada mal que no podamos hacerlo todo, que advirtiéramos que tenemos una esencia que respetar, un alma que cuidar.

Soltar y retener parecen ser la clave. Soltar lo que nos hace poco libres y nos hace daño, y retener y cuidar lo importante: los afectos.

Tememos ser nosotros mismos, quizá porque ni siquiera sabemos cómo somos; no hay tiempo para conocerse, para descubrir nuestras partes femeninas y nuestras partes masculinas, para poder elegir libre y reflexivamente cuándo usaremos alguna de ellas en pos de la unidad, pues eso somos: una unidad mágica y real que está ahí siempre dispuesta para nuestro desarrollo más pleno.

Después de todo es tan fácil ser feliz y tan difícil también; es un camino que comienza en la decisión diaria de quedarnos con lo bueno o con lo malo que nos ocurra. ¿Saldré de mi casa esperando que la vida se me brinde o yo me brindaré a la vida para hacer lo que vinimos a hacer a este mundo?

Uno de los aspectos que más me gustaría dejar grabado en sus corazones es el que tiene que ver con aprender a valorar el dolor como una oportunidad de crecimiento, de potenciar nuestros dones y talentos. Debemos perderle el miedo a sufrir, a descubrir. Esta sociedad nos tiene convencidos —sociedad que por lo demás construimos nosotros mismos— de que la felicidad está fuera, está en adquirir, en el vértigo de la intensidad y la rapidez, en la evitación del dolor y de las verdades. Todo esto nos hace huir y si huimos de nosotros mismos muy difícilmente podremos educar a nuestros hijos.

A las mujeres debo pedirles que, por favor, DESPIERTEN, pues este sueño nos está llevando a perder nuestra esencia femenina. Se nos olvidó ser mujeres, se nos está olvidando la ternura, acoger, recibir; se nos está olvidando que más que estar orgullosas de ser mujeres por los logros que hemos obtenido, deberíamos estarlo por la posibilidad maravillosa de que la vida pase a través de nosotras, porque somos tierra fecunda para amar y para conectar al mundo masculino —el de los objetivos y los logros— con la maravilla de los procesos y los afectos.

Respetemos nuestra naturaleza biológica; que la menstruación no sea sinónimo de enfermedad, de un mal, de un problema. Si no cambiamos eso difícilmente podremos educar a nuestros hijos e hijas en la maravilla de la maternidad y en la suavidad que implica la palabra *mujer*. Y esto nada tiene que ver con que no busquemos logros u objetivos, que no aprendamos de lo masculino a separar las cosas, a brindarnos tiempos personales y a entender que la felicidad no viene desde fuera ni depende de un "alguien", sino que se forma en nuestro interior y depende de nosotras mismas.

Volvamos a mimar, a tocar. Que la lucha cotidiana, que el tratar de sobrevivir en la jungla masculina no nos haga olvidar que la fuerza que mueve el universo es FEMENINA, es fuego, es tierra, es mujer.

Recuperemos la sabiduría de la curandera, de la bruja intuitiva que todas llevamos dentro. Que predomine el sentir por encima del pensar, la maravilla de la humildad y del perdón como camino de encuentro. No eduquemos a nuestros hijos en el orgullo ni les hagamos creer que ésa es la forma de ser queridos y respetados. Expresemos lo que sentimos conectadas con la fuerza de la naturaleza que vive los mismos ciclos que nosotras.

No puede ser una mera casualidad que las mujeres contraigan enfermedades en los órganos femeninos, algo así como si le diéramos balazos justo a la parte de nosotras mismas que no estamos considerando. Si es verdad que el cuerpo se enferma después de que se enferma el alma, mal podremos mantenernos sanas, pues si no estamos entrenadas ni tenemos tiempo para escuchar el alma, el cuerpo se hará cargo de emitir señales que sí sepamos reconocer.

Pero no se trata sólo de que las mujeres nos enfermemos de nuestros órganos femeninos, sino de todas las enfermedades y consecuencias que puede tener para hombres y mujeres el que enseñemos que es más válido que un niño diga que no puede hacer su examen porque tiene fiebre a que diga que tiene pena porque sus papás se separaron la noche anterior.

Ustedes, varones, aprendan a retener, a cuidarnos, a desarrollar plenamente su masculinidad junto con los afectos. Sigan trabajando por los objetivos y por lograr metas, así el mundo avanza; enséñennos a dar vuelta a la página rápido y nosotras les daremos profundidad y sentido a las experiencias que viven. No dejen de decir lo que sienten en todo momento, necesitamos escucharlos, eso nos hace sentir queridas y necesitadas, aspecto que mueve nuestra identidad más profunda.

A todos los que se dieron el tiempo y el espacio para leer estas páginas, de todo corazón mis agradecimientos por compartir mi vida y mis dolores, ya que todo lo que aquí planteo ha sido un camino personal antes que profesional.

He caminado por el dolor varias veces, en ocasiones generado por mí misma, por mis pensamientos mágicos, por mi dificultad para soltar y por estar orientada hacia los otros y con mucha dificultad darme tiempo para mí. Ha sido un camino difícil pero hermoso, y estoy agradecida por cada lágrima y cada equivocación, porque de todas aprendí lo que hoy con humildad he traspasado a estas páginas y con las que pretendo haber llegado a sus corazones y no a sus cabezas.

Me gustaría que este libro sirviera para que hombres, mujeres, jóvenes y adolescentes puedan revisar sus vidas y las mejoren como crean que deben hacerlo, pero, ojalá, sin olvidar que AMAR y AMAR BIEN parece ser la única forma de alcanzar la felicidad.

Espero volverme a encontrar con ustedes, en otro libro, en la calle, en la vida, para compartir, para crecer, para llorar y, al final, para reír, reír con ganas.

Agradecimientos

Intentar agradecer es, quizá, más difícil que haber escrito este libro. Son tantos a los que tengo que dar gracias, que ojalá mi memoria no me traicione y pueda de manera explícita o implícita mencionarlos a todos.

Primero a Dios, por el don de la vida y el misterio de mis talentos.

Gracias a mis padres y hermanas, cimientos de mi vida y fuente de muchos de mis aprendizajes. Por lo que ha significado el ejemplo de cómo una mujer puede estar en el mundo masculino sin dejar de ser mujer: gracias, mamá.

A mis amigas, que han compartido conmigo risas, llantos, vidas. Por contar con esa incondicionalidad poco frecuente en el mundo de lo femenino: las quiero mucho.

A los hombres de mi vida: a mi padre, por su ejemplo de esfuerzo para lograr lo que se propone. A los que me han acompañado en mi crecimiento como mujer, por permitirme conocer mis partes luminosas y oscuras. Gracias a todos ellos por mostrarme el mundo masculino y poder aprender de ustedes.

A mis hijos Nicole y Cristián, quienes, sin lugar a dudas, son el motor y la fuerza para continuar, mi cable a tierra, mi conexión con la sabiduría de los niños. Soy una afortunada de tenerlos, hijos del rigor y de las dificultades, pequeños sabios que me enseñan todos los días a valorar lo que tengo y no lo que me falta.

A Adriana, compañera de vida y de trabajo, gracias porque sin tu apoyo incondicional esto hubiera sido mucho más difícil, tal vez imposible.

A todos los que, de una forma u otra, han compartido mi vida. Gracias a mis pacientes que son mi fuente de cariño constante y también de información para conectarme con la realidad de la vida.

Gracias simplemente a todo y a todos.

Esta obra se imprimió y encuadernó
en el mes de octubre de 2015
en los talleres de Edamsa Impresiones, S.A. de C.V.,
que se localizan en la calle de Av. Hidalgo (antes Catarroja) III,
Fracc. San Nicolás Tolentino, México, D.F.